我從小額投資‧1

easy go!

財 富 變 多 學 習 變 熱 血

2000元開始的

股票投資提案

●imoney123編輯部

目錄

目錄

01章

STOCK

寫在股票入門前

Point 01 存款實在不多，也可以做股票投資嗎？

　　股票？想學著買買看，可是，一直沒有錢耶……

　　如果你擔心錢太少買不起股票，是被報章媒體給誤導了，因為聽到和股票有關的新聞總是幾百萬幾千萬，好像「做」股票得先存上一大筆錢似的，事實不然。

　　一般媒體所關注有關股票的新聞，大都以「張」為單位（1,000股），舉例說：鴻海(2317)股票目前的市價是90元。如果你要買下這一張股票得花上90元×1,000股＝90,000元。

　　9萬元對一般人而言當然是個負擔，因著要買這張股票可能得「省」出幾整個月的薪水或一整年的零用錢。

　　其實股票買賣可以不要買到「一張」那麼多，只要買「幾股」一樣可以，而且雖然我們只買幾股，對上市公司而言，別人拿幾億買他們家股票跟我們拿幾百塊幾千塊買他們家的股票，都一樣叫做「股東」，都享有股東該有的權利──包括這家公司有賺錢時，可以分到紅利；股價上漲時，可以享有股票增值的差價。而且，如果你是小額分批買進，因為進場時間不同，零股買賣還有分散風險的功能。

　　若你每個月扣掉生活開支，手頭只剩2,000元，一樣可以買進市價90元鴻海的股票，可買最多是22股（2,000÷90＝22…20），而這22股就是所謂的「零股」。如果你覺得那麼少的錢，拿到裝潢豪華的證券營業大廳買股票，覺得怪怪的，那麼，網路下單就一點也不尷尬，因為對著電腦交易，誰在乎？

▷ 零股與一般股票比較

一般人都是整張整張的交易股票，那麼，零股是從那裡來?

零股大都是來自於股票股利。

投資人從企業那裡獲得股票股利後，因零股的金額小，所以，大都會把它湊成整數（1,000張）方便買賣，當然，也有人一收到零股就把它賣掉，也有些人則將零股當成長期投資的一部分，讓它每年利上加利，產生複利效果。至於對手上金錢有限，不想等湊到錢才買股票，也不想遷就價錢而買下便宜的股票，零股則是一個很好的選擇！一般券商大都接受零股買賣，但它和整張股票交易還是有些不同，以下歸納三個重點－－

1.零股交易價錢是固定的。

零股委託時間在當天收盤後，買賣價格依當天的收盤價為準，所以價格是固定的。在申報日後的次營業日09：30以後會有成交回報，成交順序是按照電腦的隨機排列，成交順序也不受下單時間的影響。

2.以當天該股票的收盤價扣0.5%為買、賣價格。

因為零股買與賣都會扣0.5%。許多投資人為了省去這個損失，一般會把零股湊成1,000股（一張）再賣，這樣就可以減少損失了。

3.買、賣比較容易出現不成交的情況。

股票的交易是一種供需，向來就沒有所謂「要買一定買得到，要賣一定賣得掉」的鐵則。不過在集中交易市場裡因為流通性好，所以買賣股票比較容易，但零股的流通性就沒有像集中市場那麼熱絡，所以可能會發生你想買22股，卻只買到10股或根本買不到的情形。

賣的情況也一樣，也許你希望賣100股，但成交時只賣掉60股，或者完全賣不掉。所以，建議喜歡買零股當儲蓄的人，要賣的時候還是湊成1,000股（一張）再到集中市場上賣，一來成交比較容易，二來也可減少那0.5%的損失。為了讓讀者快速了解零股交易的流程，以下以小玫的交易實例演算：

8月28日（一）小玫在下午1：30股市收盤時到看鴻海(2317)的股價是84.2元，於是上網委託買進50股該公司的零股。

8月29日（二）早上09：00打開電腦，小玫檢查成交回報，結果並沒買到50股，她只買到了20股。她要繳的股款一共是1,680元。這筆錢必需在8月30日（三）早上09：00以前匯進股票交割專用帳戶。

股款：84.2元×20股＝1,680元

手續費：1,680×0.1425％＝2元

由於交易手續費規定最低為20元，所以

總共：1,680＋20＝1,700元

02 預算2000元，請以實例說明可買什麼股票？報酬如何？

以每個月2000元為例，因為金額小若存在銀行活存，可說幾乎沒有利息，但換成買零股投資的話，結果就很不一樣了。首先，小錢放在身邊容易被「消費」掉，再者，若藉由小額投資慢慢累積，長期「利上滾利」報酬可觀。

以下以小美的投資為例！小美1997年起，每月花2000元買進台積電(2330)的零股，以1997年平均進價60元計，第一年小美共買進400股，也就是說，小美1997年一共花了400股×60元＝24,000元買了台積電的零股。此後連續5年，台積電每年均配3元股票股利，假設小美每年拿到股利後，再把股利拿去買股票，且平均進價都是60元，那麼到了100年，小美第一年買進400股零股，已經變成510股了。

（圖片來源：Yahoo!奇摩→股市）

| 2330台積電 | 走勢圖 | 成交明細 | 技術分析 | 新聞 | 基本資料 | 籌碼分析 | 個股健診 |

公司資料　營收盈餘　股利政策　申報轉讓

股利政策					單位：元
年　度	現金股利	盈餘配股	公積配股	股票股利	合　計
100	3.00	0.00	0.00	0.00	3.00
99	3.00	0.00		0.00	3.00
98	3.00				3.00
97	3.00				3.05
96	3.03	0.02		0.05	3.08
95	3.00	0.02	0.03	0.05	3.05
94	2.50	0.15	0.15	0.30	2.80
93	2.00	0.50	0.00	0.50	2.50
92	0.60	1.41	0.00	1.41	2.01
91	0.00	0.80	0.00	0.80	0.80

連續六年，台積電每年都有3元的股利。

假設小美在2012年時把零股以當時的市價82元的價格全賣掉，一共進帳：510股×82元＝41,820元。減去當年的進價，這筆投資共賺了：41,820－24,000＝17,820元。以投資報酬率來計算，五年來股票操作的總獲利率是：17,820÷24,000＝74.3％。5年獲利74.3％。

（圖片來源：Yahoo!奇摩→股市）

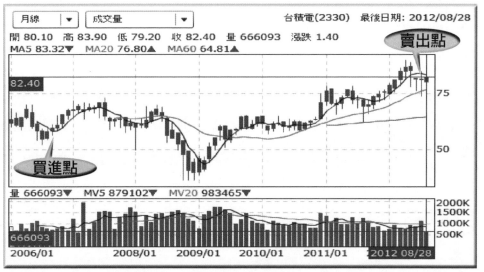

【台積電零股複利效果一覽表】

年度	投入資金	股利買股票，股票自己長股票的結果
1997年（第一年）	24,000元	400+20＝420股
1998年（第二年）	0	420+21＝441股
1999年（第三年）	0	441+22＝463股
2000年（第四年）	0	463+23＝486股
2010年（第五年）	0	486+24＝510股

有人說買基金比較安全；也有人說做選擇權賺得快，真相是…

理財工具可以被一般投資人接受，並成為耳熟能詳的名詞，必然有它的價值與功用。

基金標榜由「專業人士」為你的錢專業操作，所以，投資人的工作只要挑選基金，其他就由專業人士代勞。基金投資金額可以很小，進、出也相當自由，從簡便的角度來看，不失為優質的理財工具，再加上它的商品豐富，不限於國內企業，舉凡日本、歐美、俄羅斯甚至非洲只要你想得到的地區，幾乎都可以有對應的標的可以投資；此外，基金的連結標的，也不限於投資企業，其他還有像債券、地產、礦產、國債等等。由此來看，基金選擇的豐富性比股票多很多，但相對的，類別豐富的商品「選擇」本身就是一大挑戰，此外，基金手續費高，基金轉換不易也是缺點，所以有人就說，買股票是自己理財，買基金則是財被人理。

（圖片來源：Yahoo!奇摩→股市）

基金除了手續費貴之外，也有投資標的不易理解、選擇不易的問題。

不動產證券化基金A不配息基金？？

不動產證券化基金B配息基金？？

新興歐洲基金基金？？

至於選擇權投資，就投入金額來說，它的確十分有彈性。

以純做選擇權買方為例，就算只有100元、200元也可以開始操作，所以，有些投資人把買選擇權當成玩樂透(因為選擇權剛好一點50元，跟樂透一柱50元相同)，但選擇權同時具有高槓桿、高風險的特性，若沒有好好的控制風險，可能一夜醒來，所有的錢全都歸零。

相較於股票投資，除非公司整個結束營業，否則所投入的錢，不會在短時間內悉數歸零。

另外，選擇權只是一種履約的「權利」，嚴格來講選擇權沒有基本面可言，不像股票，股票所連結的是一家公司的資產與營運，購買選擇權只是一種到期履約或不履約的權利，但股票即使買的是零股，它背後仍代表的是一家企業。

（圖片來源：台工銀證）

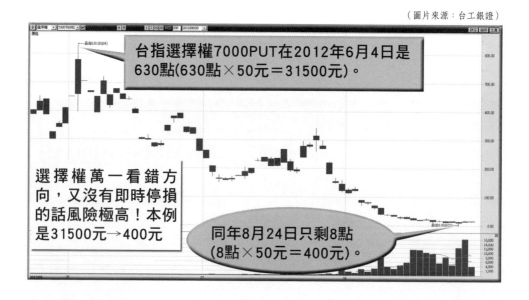

台指選擇權7000PUT在2012年6月4日是630點(630點×50元＝31500元)。

選擇權萬一看錯方向，又沒有即時停損的話風險極高！本例是31500元→400元

同年8月24日只剩8點(8點×50元＝400元)。

Point 04 股票最大風險到什麼程度？會不會全數賠光？

買基金是把錢交給別人管理，因此許多人會選擇就算做不好要賠錢也要自己賠，所以就買股票。雖然股票不像選擇權或期貨有可能一夕之間錢被秒殺，但股票的風險一樣不低，同樣有全數賠光的可能性。不過，若要講股票最大的風險所在，筆者認為不在市場、不在國際環境，而在於投資人自己不肯用心學習。

▷ **股票最大的風險來自於投資人的不肯學習**

國內媒體相當發達，電視名嘴、投顧解盤或網路報名牌……對股票族而言，只要想打探資訊，無處不是股票訊息，但投資股市不同於名嘴打嘴炮或政治人物喊口號，那些只動嘴巴的人只要講得出一個美麗的故事或把行情邏輯說得順一點，聽起來好像今天行情是漲是跌早在他們的掌握之中，事實上並非如此！

把行情走勢圖拿來「看圖說故事」很容易，但要把手中的資金在股市中做到「低檔進高檔出」一點也不容易，而且絕對不是看單一指標、單一項消息的分析就能掌握住行情的，更重要的是，你原先購買股票的計畫是如何呢？

是長期投資？還是短期交易？

是逆市型的危機入市？還是順市型的順勢交易？

你只想賺股利？還是單單只想賺差價？

你想追逐當紅的主流產業賺暴利財？還是偏好傳統產業？……

由於每一位投資人交易計畫不同，因此從選股到進出場點的選擇也都不一樣。股市裡處處是機會，但沒有經過長時間的學習與不斷的修正，不可能在短時間僅靠一檔兩檔明牌就能致富，因此，若要說股市最大的風險是什麼，那就是投資人不學習的風險了。一個不肯用心學習投資的股票投資人別說有可能把本金賠光，若不自量力擴大融資，搞到後來被券商追繳都有可能。

股票投資是一條漫長的路程，沒有捷徑，也不可能不繳「學費」（投資失利），若能從小額投資開始一面學習一面練習一面找出合於自己個性的交易方法，那就是最上算的。另外，筆者也要提出自己的觀點－－20年資歷的老手，與同等認真的10年老手相較，20年資歷的比較會賺錢，雖然有些人不認同，但我的確要說，就做股票→賺錢這一件事，跟「學歷」、「知識」的關連性很低，但跟之後的學習認真度與年資有絕對的正相關。

本文所附的股價圖是宏達電(2498)近半年的週線圖(2011/2～2012/8)，行情從最高的1300元掉到最低230元，這一檔「台灣之光」1年半時間市價腰斬再腰斬，是什麼因素讓行情跌到這種地步並不是重要，關鍵在於，若自己對這一類高成長股票不熟悉也沒有交易計畫，僅就媒體報導是很容易讓人誤入戰局的。

因此投資人一定要養成獨立判斷行情的能力，不能人云亦云。而

為了避免陷入這種跟著周圍氣氛起舞的投資陷阱，除了經驗之外，就只有靠自己認真且謙虛的學習了。

宏達電1500、1600都有外資喊過，他們不需為投資人負任何責任，就跟名嘴一樣，他們的言論僅供參考，投資人得自己有獨立的行情觀。

日	時	標 題
2011/04/24	09:02	《4月22日融資動態25-19》宏達電(7.38%)、新　纖(7.30%)
2011/04/23	09:28	《4月22日融資動態25-19》宏達電(7.38%)、新　纖(7.30%)
2011/04/22	07:48	《外資》巴克萊調升宏達電目標價至1650元
2011/04/22	07:30	《自營商賣超13-8》穎　台(82)、宏達電(81)、特　力(78)
2011/04/21	16:53	《自營商賣超13-8》穎　台(82)、宏達電(81)、特　力(78)
2011/04/21	11:51	《上市盤後交易10大成交值》宏達電、勝　華
2011/04/21	07:55	《外資》外資調高宏達電、大立光、宸鴻目標價，紛看千元以上
2011/04/21	07:55	《台北股市》鴻海、宏達電市值，今日決戰高下
2011/04/20	15:09	《集中市場》三大法人同步買超86億元，宏達電、蘋果概念、水泥最靚
2011/04/20	13:57	《外資》僅次高盛，野村喊宏達電目標價1500元

Point ___ **05** ## 據說融資做股票很恐怖，請用實例演算說明。

所謂的融資，也就是借錢買股票，對於已經很熟悉股市操作且有相當資歷的人，融資可以發揮較高槓桿的財務運作，因此，有它正面積極的一面，但只要是涉及金融投資，高報酬必然相對高風險，因此，在還不是很清楚融資操作股票的缺點之前，可以先來看一看，融資買賣股票有多麼迷人。

▷ **融資交易的迷人之處**

假設，你有100萬現金投入股市，融資額度是6成，自備款4成，也就是100萬的現金，可買250萬（100÷40％）的股票。如果連續漲停六天，100萬的現金將有下表的變化：

* **採用融資買進（漲停）** （本表採小數點以下一位無條件捨棄法計算，以下皆同）

股市漲跌	股票帳面變化	賺or賠	100萬變成
第一天漲停板	250萬×7%	賺17.5萬	100萬＋17.5萬＝117.5萬
第二天漲停板	267.5萬×7%	賺18.7萬	117.5萬＋18.7萬＝136.2萬
第三天漲停板	286.2萬×7%	賺20.0萬	136.2萬＋20.0萬＝156.2萬
第四天漲停板	306.2萬×7%	賺21.4萬	156.2萬＋21.4萬＝177.6萬
第五天漲停板	327.6萬×7%	賺22.9萬	177.6萬＋22.9萬＝200.5萬
第六天漲停板	350.5萬×7%	賺24.5萬	200.5萬＋24.5萬＝225萬

* 不採用融資買進（漲停）

股市漲跌	股票帳面變化	賺or賠	100萬變成
第一天漲停板	100萬×7%	賺7萬	100萬＋7萬＝107萬
第二天漲停板	107萬×7%	賺7.4萬	107萬＋7.4萬＝114.4萬
第三天漲停板	114.4萬×7%	賺8.0萬	114.4萬＋8.0萬＝122.4萬
第四天漲停板	122.4萬×7%	賺8.5萬	122.4萬＋8.5萬＝130.9萬
第五天漲停板	130.9萬×7%	賺9.1萬	130.9萬＋9.1萬＝140萬
第六天漲停板	140萬×7%	賺9.8萬	140萬＋9.8萬＝149.8萬

本金100萬，漲6個漲停板

現股	融資
150萬	225萬

**用融資買100萬變225萬，
比用現股買多賺75萬**

　　100萬股本只要6次漲停板，就可以變成將近225萬，如果沒有利用融資，就只能變成150萬。因此，對很多人來說，利用融資操作實在誘惑力太大了，尤其是自認為對股市掌握度很高、自信的人，運用融資操作比例更高。因為他們認為，反正股價下跌只要不賣就不賠，距離斷頭危機還很遙遠，怕什麼？

▷ **融資有多恐怖？100萬股本，6天只剩12萬**

融資投資危險在哪裡？簡單來說，就是「不耐震」。以100萬為例，連續6個交易日跌停板，手上的錢就只剩下12萬塊了。

* **【融資買進，100萬變化表（跌停）】**

股市漲跌	股票帳面變化	賺or賠	100萬變成
第一天跌停板	250萬×7%	賠17.5萬	100萬－17.5萬＝82.5萬
第二天跌停板	232.5萬×7%	賠16.2萬	82.5萬－16.2萬＝66.3萬
第三天跌停板	216.3萬×7%	賠15.1萬	66.3萬－15.1萬＝51.2萬
第四天跌停板	201.2萬×7%	賠14.0萬	51.2萬－14.0萬＝37.2萬
第五天跌停板	187.1萬×7%	賠13.0萬	37.2萬－13.0萬＝24.2萬
第六天跌停板	174.1萬×7%	賠12.1萬	24.2萬－12.1萬＝12.1萬

本金100萬，跌6個跌停板

用100萬買融資只剩12萬

或許你已經察覺到了，在這個例子裡我們採用的單位是「天」，

你一定很狐疑，那有可能股市「天天跌停，而且一跌就跌6天？這應該只是模擬公式吧！」

小心！這可不是數字公式，就國內股市的經歷，類似的歷史經驗不是沒有－－民國79年郭婉容事件，股市連續長黑19天；網路股泡沫化，下跌曲線也幾近自由落體！最重要的是，真的不要挑戰自己的「賭性」與「EQ」，現在就模擬一種情況，假設你有100萬在股市，融資6成－－

第一天賠了17萬，你捨得就此賣掉嗎？

第二天再賠16萬，雖然很想「砍」，但是，你怎麼可能對自己的判斷沒信心呢？

第三天，又賠15萬，你心想一定有轉機吧！政府與企業不是總會「救」股市嗎？再說，我買的公司體質很健全，政治也算穩定……。

第四天。

第五天。

第六天？？

你認為你會在第幾天才願意承認「我錯了」呢？

現金買股票若遇到空頭市場，財力與損失金額相比尚不致令人容易捉狂，但利用融資做股票萬一失利，財力與損失金額的比值要叫投資人冷靜則是大挑戰。

一般人都是在收到券商追繳通知後，不但不肯認錯，還四處告貸

要「救」股票，結果不但救不回來，洞還愈來愈大。本來只有100萬的投資本金，操作失利的話了不起就賠6、70萬認賠出場，但融資戶不少人到後來已經完全失去理智，說什麼也不肯停損，於是一直補繳一直補繳，到最後拖垮自己財務的不是股票，而是告貸的利息。

許多以融資買賣股票的投資人，也許十年、二十年利用融資賺快錢都安全過關，但是萬一有一天碰到了不可預期的行情時，這一類投資人也是最難倖免的。有太多的例子是在股市裡賺了好幾年，但一次很糟糕的行情，就把幾年所賺的連本帶利「還」給股市，因此，需要謹慎融資的使用。

Key-Word

我的條件可以做融資嗎？

並不是每個人都可以做融資（信用交易），尤其是新手，必需開戶滿三個月以上，其他還有許多相關規定，投資人可以洽詢你的證券營業員。

巴菲特選股

巴菲特是如此形容股市的——股市存在的目的，只是供我們參考，看看是不是有人願意做傻事。

巴菲特投資時專注於企業的價值並遵循著下列四個原則：

1. 不追趕股市每天波動。
2. 不嘗試分析或煩惱整體的經濟狀況。
3. 買企業而非買股票。
4. 管理一套企業投資組合。

06 股票有可能短期賺一倍嗎？若有，請說明方法。

股票在國內是項很成熟的投資商品。錢不多的投資者可以買零股；經驗老到的投資人可以做融資買進；認為接下來行情不佳，投資人還可以採用融券放空先高賣再低買；另外，國內市場也可以操作當沖，也就是同一檔股票，一天之內先買後賣或先賣後買。

喜歡高風險高報酬的投資人，一般說來其操作的時間就愈短，因為操作的時間短，手頭現有的資金周轉率高，若是技術高超，就有可能達到所謂「短期資本倍翻」的目的，例如，有許多投資人特別喜歡「隔日沖」或「當沖」其持有股票的時間非常短，可讓手頭的有限資金快速的周轉，可短期賺一倍本金的，大都屬於這一類的交易。

當然，這種看似很機敏的做法，不一定就能討到好處，尤其要注意手續費的問題，市場上有很多當沖客，表面上積極的用力操作，一天「沖」上好幾趟，讓資金快速周轉，但結算下來手續費幾乎吃掉利潤，這種情況很常見。至於做當沖(或極短線)是否可以短期讓資金倍翻呢？還是回到原則性的問題，投資人必需透過主動學習與不斷的改進自己的交易方法，才能在這個市場上獲利，尤其操作極短線，更不能沒有任何根據只是憑感覺交易。因此，要操作短線以小搏大，參加課程或大量持續的閱讀學習是一定要的。

投資（投機）市場沒有「必勝」的方法，股市裡所謂的獲利方法，充其量只能說它是獲利機率比較高而已，總之沒有什麼100%絕對的賺錢方法。

07 落實小額投資，請教我正確第一步。

投資的第一步不是開戶，投資第一步是檢視財產，讓優質的「金錢素質」參與投資，利用資產負債表與損益表是很好的檢視工具。

▷ **資產負債表**

如果你是比較保守的人，或年齡超過50歲以上，建議填寫資產負債表並在數值顯示是「正」值的時候才開始規畫投資；若你的資產負債表顯示是「負」的，但卻很想投資，建議你不要太衝動，請先檢視你的每月損益表，若結果為「正」值時再行動，這樣比較安全。

▷ **損益表**

當投資人的資產負債表算出來是「正」的，表示你有投資的條件，但要找出閒錢用以投資，還是要從家裡每月的損益算起。你會說「雖然手上沒現金，但我有房子、有定存。」假設是這種情形的話，最好先把家裡現金整理出來，規畫出可以買股票有多少錢，千萬別發生：「因為要繳這個月的房租，只好賣股票！」如果是這樣，要在股市裡賺到素質優良的錢就很難。若有人「錢的素質」有問題，卻在股市賺了錢，不見得是件好事，有時賺到錢反而成為魔鬼的誘惑──一開始所展現的是聰明與甜美，但它的目的是要把你的錢吃乾抹淨！

資產負債表

我家的財產	我的負債
房子市值＝	房子貸款＝
車子市值＝	信用卡未付總額＝
股票市值＝	現金卡未付總額＝
基金市值＝	信用貸款未付總額＝
黃金或值錢的東西市值＝	借來的錢＝
活會已繳的會錢＝	其他負債＝
現金＝	
活儲＝	
定存＝	
合計＝ （a）	合計＝ （b）
財產（a）－負債（b）＝	

每月損益表

每月收入	每月開銷
固定收入（夫）＝	房貸（租）＝
固定收入（妻）＝	汽車貸款＝
加班＝	會錢（死、活會均算）＝
外快＝	生活費（含交通）＝
定存利息＝	保險費＝
其他常態性月收入	水費＝
房租＝	電費＝
	瓦斯費＝
	其他固定支出
	網路專線費＝
合計＝ 　　　　（a）	合計＝ 　　　　（b）
每月收入（a）－每月開銷（b）＝	

扣除基本開銷後覺得手頭緊，但又想做投資，可以怎麼做？

在填寫前面的損益表時若是負值，就感覺上，也許你會覺得想買什麼錢都不夠，那能再買股票？！但有時候並不是真的沒有錢做投資，而是「家計失衡」了。

什麼叫「家計失衡」？

譬如說你目前單身，且沒有負擔居住費(房租或房貸)，正常來說，如果月入4萬，置裝費應該控制在4仟(10%)才合理(見「黃金比例表」)，但如果你每個月都花萬把塊買衣服，那就是家計配置失衡了。

▷ 利用黃金比例表，找出家計失衡點

每個家庭可能家計失衡的地方都不一樣，有些是小孩教育費太恐怖了。比方說夫妻每月薪水是10萬元，按照合理的黃金比例計算，教育費是5%也就是每月5,000，但有些家庭沒有精算，明明沒有那麼高的家庭收入卻讓孩子學才藝又補習，使教育費每個月高達1、2萬元，因為是很正當的教育費「想」起來沒有什麼，但若是仔細把比例拿來算一算，就十分嚇人。

而有些家庭是交通費花太多，例如月入5萬的單身族若買車代步，即使車子沒有貸款，但數數周邊的耗費如油錢、稅金，通常都超過合理的比例。家計比例無關你的收入，而是一種配置技巧的問題，其實，不管你投不投資股票，都該拿來算一算。

* **黃金比例表**

● **單身，沒居住費**

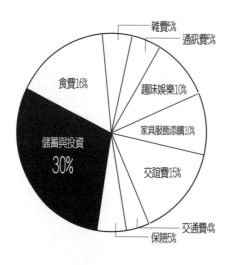

● **單身有居住費**

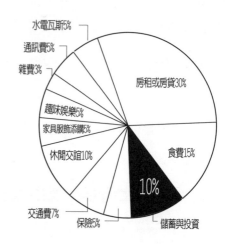

● **雙薪有居住費、無小孩**

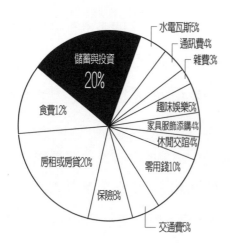

● **雙薪有居住費、有小孩**

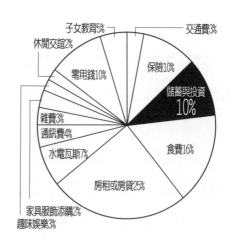

※ **我的家計支出試算**

	家計項目	黃金比例	實際金額	實際比例	＋or－
項目	每月收入	100 ％	元	100 ％	
	食費	％	元	％	
	居住費	％	元	％	
	水電、瓦斯	％	元	％	
	通訊費	％	元	％	
	日用雜費	％	元	％	
	娛樂費	％	元	％	
	置裝費	％	元	％	
	交際費	％	元	％	
	零用金	％	元	％	
	子女教育	％	元	％	
	其他	％	元	％	
	保險費	％	元	％	
	儲蓄	％	元	％	
		％	元	％	
		％	元	％	
		％	元	％	
		％	元	％	
		％	元	％	
		％	元	％	
	支出合計	100 ％	元	100 ％	

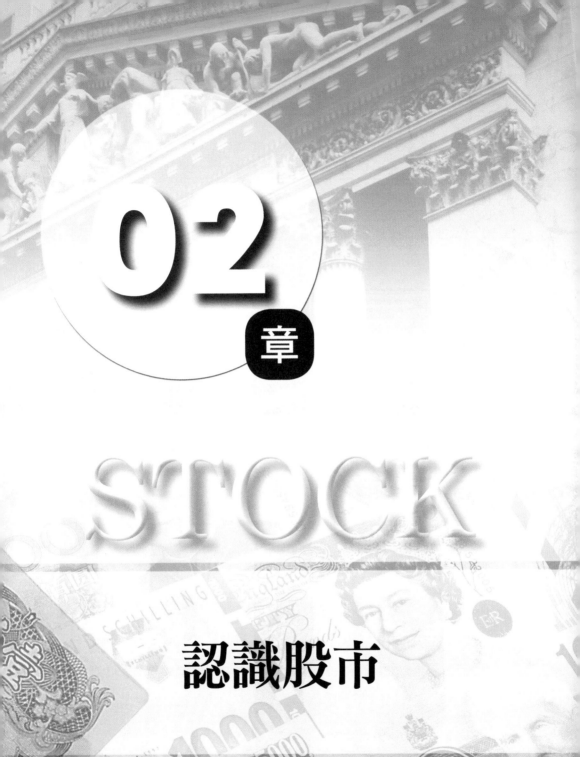

02章

STOCK

認識股市

Point 01

上市、上櫃、興櫃、未上市……不同股市的股票之間有什麼不同？

股票代表企業，企業從草創到業務擴大、經過股票公開發行一直到上市是條漫長的路。這就像一顆幼苗變成大樹，企業每一個階段所需要的資金養份與照顧均不相同，每一個階段都有不同的資金挹注，而這也形成不同的股票交易市場。企業與資金市場的關係如下：

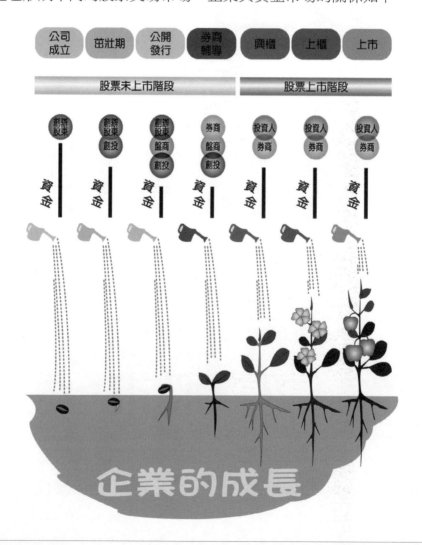

▷ 未上市股

　　股票市場可大致分為上市及未上市市場。只要不是在證券交易所和櫃檯買賣中心進行交易的股票，都稱之為「未上市股票」。

　　未上市股票又分為兩種，一種是「已公開發行」，一種是「未公開發行」。

　　投資人買賣「未上市股」只能靠著本身找買主或賣主。由於未上市市場的交易資訊不透明，風險很高，但相對的，也因為未上市股具備有股票「未來」上市就可能大漲的想像空間，所以也有很多人專門投資未上市股票。

　　值得注意的是，有些未上市公司利用多層次傳銷的手法銷售股票，這種作法問題很大，投資人應小心。

▷ 興櫃股票

　　企業股票公開發行後，投資人可以透過未上市盤商或私下進行買賣，如此便有了「市場價格」，而後公司申報上市上櫃輔導，在公司尚未進行正式掛牌交易前即進入「興櫃階段」。相較於未上市股票，興櫃的股票透明度提高，市價也較貼近真實價格，雖然潛在的報酬率比較低，但相對的風險也低。現在要掛牌成為上市上櫃公司規定必須

先在興櫃交易三個月以上，所以，興櫃股票也被稱為準上市上櫃股。

▷ **上櫃股票**

股票交易在「中華民國證券櫃檯買賣中心」(店頭市場)撮合完成的就是上櫃股票。上櫃股票企業的資本額與相關條件比起上市公司門檻較低。新興產業、中小型公司很多都是上櫃公司。

▷ **上市股票**

凡是在「台灣證券交易所」集中市場交易撮合完成的都屬於上市股票。知名的企業大都是上市公司，這些企業資本額大、相關的法令限制較嚴格且股權分散性優於其他，也是交易最活絡的股票。

▷ **全額交割股**

企業上市之後並不保證業績持續成長，當上市公司財務發生困難、重整、停工或有重大違規事件時，主管機關就會將其列為全額交割股，以限制這類股票的流通。買賣這類股票就得一手交錢一手交股票，不能像一般股票有兩天的收款期。

02 股票是如何拿到市場上被交易的？請說明流程。

在證券公司辦妥開戶手續是交易股票的第一道手續。

為什麼投資人非得先在證券公司辦委開戶手續不可？因為投資人不管是利用電話、網路、手機或親自到證券公司下單，首先得在證券公司有一個「帳戶」，因為一般投資人買賣股票並不是直接連線到交易所，而是透過證券公司系統再連到交易所撮合。所以，選擇證券公司還滿重要的。

▷ 證券公司是買賣股票的第一站

舉個實際的例子：一位朋友利用網路下單，不小心出錯了，本來只準備買1張股票的，竟錯買成2張，到了要交割的時候，營業員通知朋友餘額不足，慘的是一時之間朋友並沒有那麼多的現金，這時營業員則體諒客戶是新手且不是蓄意的，就自己掏腰包先把錢補足，解決了客戶的燃眉之急。

這雖然不是個交易的好例子，不過卻可以說明，證券公司是投資人交易股票的第一站，舉凡委託、交割、資訊的獲得都可以透過證券公司完成，而一位負責任的營業員更是投資人的好幫手。原則上只是跟交易有關的大小事都可以向他們請教，若是你的營業員態度不佳或是跟你「不對盤」，投資人也可以到交易櫃檯自己「物色」一個看順眼的營業員，再告訴對方你想請他當你的營業員就可以了。

* 股票交易程序

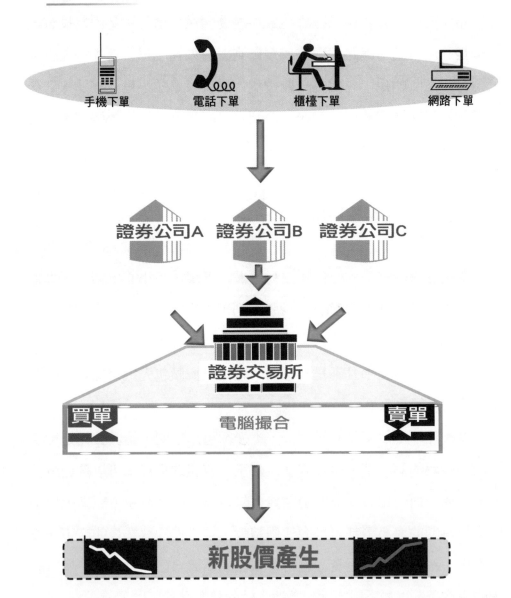

03 在交易所的電腦裡，股價依循什麼標準撮合以產生股價呢？

如上一個問題所談，投資人不論經由何種機制(現場、電話、手機或網際網路等方式)委託交易，投資人所委託的掛單，資訊都會先進入你所開戶的證券公司，最終則會傳送到「證券交易所」。交易所的電腦則依循「價格優先」和「時間優先」的原則進行買方與賣方撮合。

▷ 限價交易、市價交易；價格優先、時間優先

在還沒談電腦的撮合方式前，先來看投資人的委託交易。

買賣股票大分兩個程序，首先是委託交易，再來是交割。

委託交易投資人可選擇「限價委託」或「市價委託」兩種價格條件。

·限價委託

限價委託就是投資人自行決定買賣價格。例如：你想以限價45元買進某公司股票，最後成交價會在45元或45元以下。

但要注意委託價格必須限制在當日最大漲跌幅，也就前一交易日收盤價的±7％。

·市價委託

若投資人沒有指定（買進或賣出）價格，就是同意依當時市場交

易的價格撮合交易。市價交易買進時均以漲停價委託，賣出時均以跌停價委託，實際成交價格則由市場決定。

投資人如果有急迫性，一定要買或賣某股票時，通常採用市價委託；相對的若不急著買或賣出股票就採限價委託。

接著來看交易所電腦撮合價格的原則：價格優先、時間優先。

・價格優先

「價格優先」是指市價委託掛單（事實上就是漲停板買進或跌停價賣出的委託）優先於限價委託掛單。而同樣是限價委託，較高買進委託掛單優先於較低買進委託掛單；較低賣出委託掛單優先於較高賣出委託掛單。

例如：限價委託價格為100元、101元、102元、103元的委託單中，限價委託賣出將以100元的委託掛單優先成交；限價委託買進將以103元的掛單優先成交。

・時間優先

「時間優先」是指當委託買賣同樣價格時，先委託的先成交。

例如：莉莉在9點10分掛出一筆買進台積電10萬股的委託單，小美在9點11分掛出一筆買進台積電買1萬股的委託單，因為莉莉先委託，故需莉莉的10萬股全部成交後，才執行小美的委託。

個股的開盤價、收盤價如何產生？

開盤價是當天股票第一筆成交的價格。

交易所在08：30開始接受委託，並於早上09：00完成第一筆的交易撮合，同時產出當日各股開盤價。股市開盤後，證券交易所每25秒進行一次交易撮合，產生各股盤中瞬間股價，也就是當時的股票市價。

收盤價決定方式自13：25起至13：30止暫停撮合，但電腦持續接受買賣申報的輸入、改量及取消作業，直至13：30停止上述委託作業，再依集合競價決定收盤價格。個股收盤前5分鐘集合競價的結果，若無任何買賣委託成交，則以當日最後一次成交價作為收盤價；若當日均無成交者，則沒有收盤價。

自101年2月20日起，證交所針對收盤前最後1分鐘模擬試算針對收盤價可能波動較大的個股，實施暫緩收盤，若達暫緩收盤標準，則該有價證券13:30不進行收盤撮合，投資人可於13:31起持續新增、取消或修改委託，至13:33分收盤。

▷ **交易撮合程序—競價買賣**

股市交易屬於「競價買賣」的一種。

所謂「競價買賣」就是買方與賣方分別單獨進行買進價和賣出價的競價。當賣方屬意的價格和的買方屬意的價格一致時，就可以成

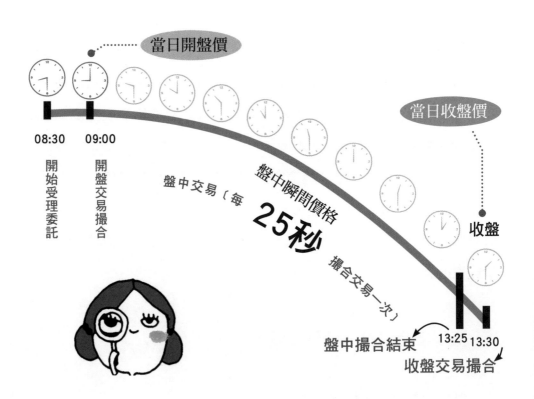

交，而這個價格就是成交價。

「網路競標」就是「競價買賣」的一種，不同的是網路競標的決標是價格取向——由最高標價得標；股市交易則是以成交量為取向，決標價(成交價)則以滿足最大成交量的成交價為主。

當日開盤價

當日收盤價

08:30　09:00

開始受理委託

開盤交易撮合

盤中交易（每

盤中瞬間價格

25秒

撮合交易一次）

收盤

盤中撮合結束

13:25 13:30

收盤交易撮合

Point 05

看盤時都會出現「五檔」，數字跳來跳去的，它們是什麼？

買賣雙方的委託單在交易所進行撮合，每盤撮合後，電腦將揭露未成交最高五檔買進申報價格與其張數、最低五檔賣出申報價格與其張數。個股最佳五檔資訊，可幫助短線投資人做投資決策參考，決定較優的買、賣價位，也可以從盤面感受市場交易的氣氛。

看個股最佳五檔的資料可以透過官方網站基本市況報導(http://mis.tse.com.tw)查詢，或者券商所提供的看盤軟體，雖然每一家看盤軟體的畫面排列順序有一點不同，但看盤的原則是一樣的，以下以台工銀證的五檔畫面做為範例。

（圖片來源：台工銀證）

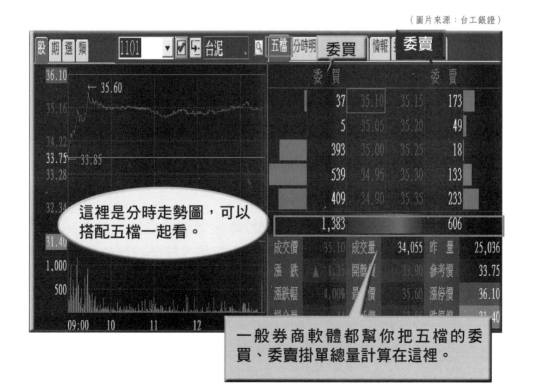

這裡是分時走勢圖，可以搭配五檔一起看。

一般券商軟體都幫你把五檔的委買、委賣掛單總量計算在這裡。

Point 06 曾聽過盤後定價交易、鉅額交易，那是什麼交易？

　　所謂的「盤後定價交易」是指每天收盤後，投資人可依當天收盤價格進行交易的方式。它的交易委託時間在每天收盤後的14：00～14：30，撮合成交的時間在14：30。盤後定價交易於申報當日成交，並與上午交易相同依普通交割的買賣（即T＋2日）辦理交割。

　　不少上班族會採取盤後定價交易，也就是等當天收盤價格出來了，再決定這個價格自己滿不滿意，若滿意就進場交易，不滿意就再等待行情，可避免盤中價格震盪。

　　至於「鉅額交易」，顧名思義，也就是成交量很大的交易，它的最低標準是：(一)單一證券：數量達500交易單位以上或金額達1,500萬元以上。(二)股票組合：5種股票以上且總金額達1,500萬元以上。

　　鉅額買賣的成交，不納入加權指數的計算，所以對大盤沒有影響。但出現鉅額交易的個股通常有其背後的理由，投資人可以上基本市況報導網站(http://mis.twse.com.tw/)掌握即時的資訊。

（圖片來源：基本市況報導網站）

為何會出現鉅額交易，背後的理由是什麼?投資人可進一步搞清楚。

「大盤」跟「加權」是一樣的嗎？它跟股票有什麼關係？

　　「大盤」和「加權」都是一樣的意思，根據證交所它的標準名稱是「發行量加權股價指數」，也有人會說「大盤指數」或「加權指數」，它們指的都是同一樣的東西，。

▷ 大盤的計算方式

　　「發行量加權股價指數」是由台灣證券交易所所編算出來的。

　　證交所除了編算大盤指數，也編算各類股股價指數。其計算方法是以樣本中各股票的發行股數當作權數乘上股價，先計算出市價總值，再跟基期比較以算出指數。台灣大盤指數是以1966年的股票市值為基期(設定為100點)。計算公式是：

$$發行量加權股價指數＝\frac{當期總發行市值}{基期×100}$$

　　大盤指數除特別股、全額交割股及上市未滿一個月的股票外，其餘皆包含在採樣中。所以，只要看到大盤指數漲、跌情況，就可知整個台股總體的表現如何。

　　由於股價指數是以發行股數加權計算，所以股本較大的公司對指數的影響會大於股本較小的股票。以2012年8月30日的資料為例，佔台股權值第1名的台積電(股本2592億，佔台股權值10.6%)漲1元對指

數的貢獻度就超過台股權值第4名的中華電(股本776億，佔台股權值3.5%)漲1元的貢獻度。

以2012年8月30日大盤指數7371點為例，台積電佔權值10.6%，等於台積電上漲1%，大盤就上漲7371×1%×10.6%＝7.81點。中華電佔權值3.5%，中華電若上漲1%，大盤就上漲7371×1%×3.5%＝2.58點。依此類推。

圖片來源:台灣期貨交易所(www.taifex.com.tw)2012/08/30

結算業務	臺灣證券交易所發行量加權股價指數成分股暨市值比重					
+ 交易人部位查詢功能	排行	證券名稱	市值佔大盤比重	排行	證券名稱	市值佔大盤比重
+ 問題與解答	1	2330 台積電	10.6028%	390	6120 輔祥	0.0269%
※ 常見市場規章案例解說專欄	2	2317 鴻海	4.9724%	391	2401 凌陽	0.0268%
▣ 專有名詞	3	6505 台塑化	4.0285%	392	1708 東鹼	0.0265%
+ 教育宣導	4	2412 中華電	3.4725%	393	5515 建國	0.0265%

Key-Word

全額交割

買股票的人交錢，賣股票的人交股票，稱為「交割」。

全額交割股必須以現款交割。

買進全額交割股投資人需先繳交全額股款，經紀商才會接受委託代為買進，且不接受信用交易。

權值股，又是什麼股？

前面我們提到，發行量加權股價指數是由許多股票的價格以加權平均法計算出來的，這些股票均稱之為是該股價指數的「成份股」，在成份股中，佔股價指數權值較重的股票，稱之為「權值股」。

以2012/8/30的大盤指數為例（見前一節），前四名的權值股分別是：台積電(市值比重10.6%)、鴻海(市值比重4.9%)、台塑化(市值比重4.0%)、中華電(市值比重3.8%)。單單這四檔股票，當天佔大盤的權重高達23%，因此，指數要大漲，權值股上漲與否的影響很大，所以英文的權值股就是weighted stock，也就是「具有份量的股票」。

▷ 舉足輕重的權值股

因為權值股股本大，適合資金大的主力進出，一般外資的資金部位都不小，所以當外資購買台股時喜歡買權值股控盤。一方面股本大進出容易、流通性高風險相對低，不會有小型股容易鎖死的情況，二方面外資也可以透過操作達到期貨、現貨賺兩邊。所以，當外資大買權值股時也常被解讀為股市真正要起漲的時候。

此外，當股市遇到重大利空消息打擊時，各產業的龍頭股與權值股也是政府護盤的重點。

當然，保守的投資人也偏愛購買權值股，雖然因為股本大，漲時不容易大漲，但跌也不容易大跌。

Point **09** **買股票，付錢的流程是怎樣？賣出股票，幾天能拿到錢？**

　　用現金買股票稱之為「現股交易」，相對於用融資買進股票的「信用交易」。但不管你是用足額的現金買進，還是利用融資的信用交易，買進與賣出股票的付錢與拿到錢的流程，除了某些特別的股票（如全額交割股）不同之外，大部份都一樣。

　　現股交易就是用現金買賣股票。不過現股指的「現」，並不像菜市場買東西一手交錢一手交股票(除了全額交割股)，流程分為兩大階段──第一階段是雙方買賣協議成立，稱為「交易」；第二階段是雙方履行協議，稱之為「交割」。

　　依目前的交易制度，簡單的說就是你在買進股票的第三天才要繳錢，賣股票也會在第三天才拿到錢。

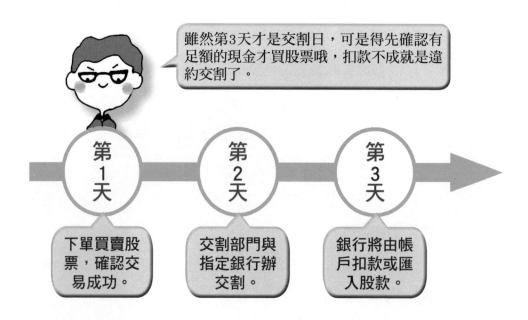

雖然第3天才是交割日，可是得先確認有足額的現金才買股票哦，扣款不成就是違約交割了。

第1天	第2天	第3天
下單買賣股票，確認交易成功。	交割部門與指定銀行辦交割。	銀行將由帳戶扣款或匯入股款。

為什麼不需要在交易成立就付錢呢？

因為目前的股票買賣交易採取「股券劃撥制度」，也就是說，第三天才是款券交換的日子。

那麼誰來保證我買了股票不會因為行情下跌就「落跑」呢？

一般來說，投資人到證券商開戶時，券商就會給你一個交易額度(通常是499萬)，除非你一口氣就買了超過這個額度的股票，否則，你只要確定自己的股票在交易後的第三天早上9：00以前戶頭內有足夠的錢可以扣繳即可。

▷ 有關違約交割

投資人萬一已經成交股票，但屆時卻沒有交割(付錢)，那就是常聽到的「違約交割」。

這種行為會造成個人在信用上的大瑕疵，最輕的被罰三年不能買賣股票，最重的還會處七年以下的有期徒刑。

現在的股票過戶手續由集保公司統一辦理，所以，你的證券帳戶只會出現數字上的變化，不管是買還是賣股票，投資人到了第三天可以檢查證券帳戶，若出現新買進的股票名稱與股數，就表示那些股票已經屬於你的了。

Point 10　成交量是怎麼算出來的？

　　成交量是指證券交易所完成交易的總額，也叫交易量，它和加權股價指數同樣，都是人氣度的代表性指標。

　　如果掛單賣出的有10億股、掛單買進的有3億，那麼可以成交的最多會有3億股票，於是揭示「成交量」為3億股票。

　　換句話說，當揭示「成交量」為10億股票，就表示掛單賣出的有10億股成交，而掛單買進的也有10億股成交，交易成功的股數就是10億股。

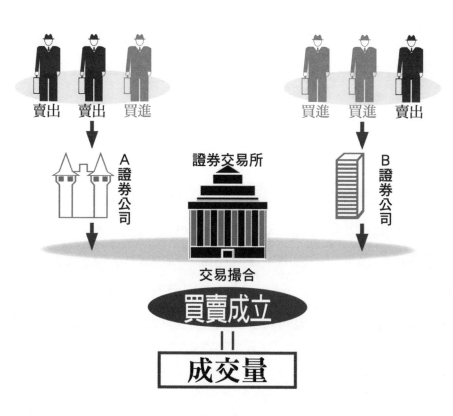

賣出　賣出　買進　　　　　買進　買進　賣出

A證券公司　　　證券交易所　　　B證券公司

交易撮合

買賣成立
＝
成交量

通常，股價上升的時候成交量也會增加；股價下跌的話，成交量也會減少。所以股市有句話叫「量先價行」，也就是說在股價要起漲之前，通常會看到量先放大。

所謂「量」代表的是某一檔股票或大盤每天的成交值。例如，某一檔股票價格是50元，當天的成交張數是100張，當天的成交總值就是1仟萬(50元×1000股×200張)元。為什麼是200張呢？因為買、賣雙方各100張。

假設這檔股票漲到100元一股時，如果成交總值還是維持1仟萬，代表當日成交的張數只有50張，這就表示股價貴了，買得起或繼續看好的人變少了。如果是這種情況的話，大約可以判斷，未來行情可能會進入盤整或下跌。

反過來說，如果即使股價變貴了，但每天還是維持有100張的成交量，也就是成交總值是2仟萬(100元×1000股×200張)，那表示雖然價格貴，但還是有人願意花錢買，後市看來漲的成份就比較高。

查看成交量只要上網進入股市報價系統，都可以看到每天的加權股價指數、成交金額、成交張數等等資訊。你可以蒐集這些價、量的情報自己判斷，假如今天收盤指數6411點，成交金額573億，成交量2.4萬張，再過一個月，如果收盤指數是7000點，成交總值是573億，成交張數如果還是2.4萬張，那表示即使現在股價貴(因為指數變高)了，但現在還是有人願意把錢拿出來買股票。未來，股價就有機會上

漲。

這就是利用成交量來判斷股價的一種方式。

* **價與量的關係**

情況一

指數	1個月前	1個月後
	6441	7000
成交金額	573億	573億
成交張數	2.4萬張	2.4萬張

情況二

指數	1個月前	1個月後
	6441	6000
成交金額	573億	573億
成交張數	2.4萬張	2.4萬張

股票變貴，但成交量並沒有改變，看好……

股票變便宜，但成交量並沒有改變，看淡……

▷ **價量配合與價量背離**

先來說價量配合的情況。

當股價處於上漲趨勢時，投資人會期待股價持續上升（看漲），想要買進股票的投資人增多，同時過去以低買到股票的投資人會想要賣出手中的股票獲利了結，如此想買進和想賣出的人就在交易所大量地委託買賣，成交量就增加了。

這樣的效應像個迴圈，使股市熱絡。股價也就會上升一段時間，直到想要獲利了結的賣單多了，漲勢趨緩，進入價格盤整，直到新的「利空」或「利多」因子導入，股價才會再次發生較明顯的漲跌。

股價處於下跌趨勢時，投資人會擔心股價下跌不止而急於拋出，自然也就不會掛單買進，股市買進掛單減少，成交量也就減少。

在多頭市場看到的情況是成交量與價格同向增加；在空頭市場看到的情況是成交量與價格同向減少。這就是價量配合。

當多頭到達頂點，股價在高點持續延伸但成交量反而開始減少時，這是因為投資人對價格過高產生疑慮，而這種觀望的態勢儘管價格仍舊能迭創新高，可是成交量不但沒有同步跟進反而減少，這很接下來有可能就是行情要反轉的趨勢，這是所謂的價量背離。

「價量背離」的時間通常比較短，因為隨之而來的，可能就是觀望的人認為利多的能量已經釋放完畢，是要獲利了結的時候了，此時悲觀的氣氛漸漸出現，成交量又隨著股價下跌而漸漸縮小，又呈現價量配合的情況了。附圖的曲線是成交量與價格的關係，可以自己做記錄判別股票所處的市場循環。

＊ 交易量與價格關係圖

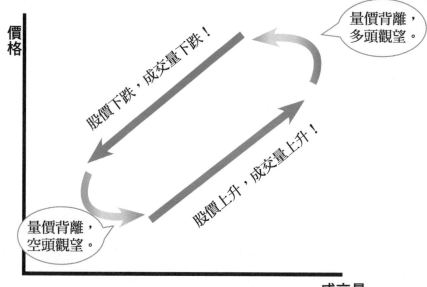

價格

股價下跌，成交量下跌！

量價背離，
多頭觀望。

股價上升，成交量上升！

量價背離，
空頭觀望。

成交量

Key-**W**ord

委買、委賣、成交張數

以委買、委賣、成交總張數，分別除以委買、委賣、成交總筆數，就得到平均每筆委買、委賣、成交的張數，平均張數愈高，代表成交的張數愈低，則代表主要是散戶在買賣。以委買、委賣、成交的筆數來判斷當日行情，準確度頗高。若出現平均成交張數較前一日高、但平均成交筆數較前一日小，那麼可預測買盤來自大單較多，當天上漲的機會也較大。此外，若當日的成交筆數，較前一日明顯增加時，顯示買單可能來自散戶，此時就應留意，當日行情可能會下跌。

03章

STOCK

認識股票

01 　**我知道股票有市價，但又有面額、淨值，那也是價格的一種嗎？**

　　同樣一張股票，從報章媒體中卻常聽到不同的價格名稱，這是為什麼呢？

　　以國內而言，股票至少有三種價格——面額、淨值、市價。

▷ 面額

　　面額指的是股票的「票面金額」，就像現鈔一樣，每張股票上面都會印有「新台幣壹萬元整」的字樣。

　　如果我們把不同公司的股票都擺在桌子上，你就會發現，每張股票的票面金額都是一樣的。

　　既然如此為什麼要特別標示呢？

　　在1979年之前，國內不同股票的票面金額是不一樣的，比方說亞泥的票面金額是5元、彰銀是100元、國泰是300元等。因為每張股票的票面金額不同，交易起來很不方便，所以在1979年財政部就規定每一股的票面金額都是10元，一張股票是1000股，所以每張股票的票面金額都是壹萬元。

▷ 淨值

　　淨值就是股票「現階段的價值」，它是根據公司的財務報表所推

算出來的，淨值的計算公式：

$$每股淨值＝\frac{資產總額－負債總額}{發行股數}$$

每一家公司剛成立時，每股面額都是10元，也就是每一家公司最原始的每股淨值都是10元，但是企業上市公開發行之後如果公司有賺錢，每股淨值就會跟著增加。

淨值的計算方式是根據財報，你可以用以下的方式理解－－

如果公司現在進行資產清算，把該償還的債還了、該收的款收了、可變賣的變賣換成現金，最後的金額按股份比例一一還給股東，股東還能拿這麼多錢，這就是淨值的意義。

由這個角度來看，理論上每家公司在市場上的股價都該高於淨值才對，因為淨值是企業的真實價值。但實際情況並非如此。當整體環境欠佳時，或是投資人對這家企業未來獲利能力不看好時，「跌破淨值」的股票還是很多。

▷ **市價**

市價是投資大眾最關心的，它可以概略描繪出在投資人心理上，這張股票到底「值多少」。

市價是由市場的供需來決定的，絕大多數的股票投資人目標是對準了「低價買、高價賣」以獲取其中的價差。

不過，「賺取差價」的想法並非一定正確，被喻為世紀股神的華倫·巴菲特就認為，投資人只應該在一種情況下買股票──

「假設你資金充裕，願意把那家公司整個買下來！」也就是買企業而不是買公司的股票。

雖然「理論上」似乎應該如此，但投資人主觀(甚至可以說是無理性)的氣氛見解還是會大大的影響到市價的波動。但這對於一位優秀的投資人來說，反而是件好事──

「不就是因為投資人情緒波動而製造了股市無理性的現象，正好給了理性的投資人有機會可以買到價值被低估的股票嗎？」巴菲特如此的解讀股票的市價。因此，不管市場人氣如何，找到價值被低估的股票，是在股市獲利的方法之一。

研究股票價格在市場上的波動，對於初學者而言是件極有趣的事情──同樣的經營團隊、不變的營運結構，股價在極短的時間卻有著極大的戲劇性變化。投資人只要在股價相對低點時買進，相對高點時賣出，就是一樁成功的買賣。

配股和配息、除權和除息是什麼？如何計算？

買進股票目就在參與企業的成長，企業獲利了，投資人自然就有機會獲得股利，股利若以現金的形式發放，就是「配息」，若以股票形式發放，就是「配股」。

假設利多多公司決定了7月8日是他們公司發放股利的日子，但投資人在7月8日前、後買進利多多的股票，只差一天而已，其內在權益就不相同，顯然是不公平的，因此，必需在發放股利的當天把股價向下調整。如此，因應發放股票股利而向下調整股價就是「除權」，因發放現金股利而向下調整股價就是「除息」。 而這裡的7月8日，就是所謂的「除權息日」。

以下說明如何計算除權息後的股價：

1.只除息(只配股息)。假設利多多公司股價50元，配息3元。只除息的狀況很簡單，把前一天的股價減去配息，就可以得到隔天的開盤參考價了，如例，隔日的開盤價就會是47元(50－3＝47)。

2. 只除權(只發股票)。假設利多多公司股價50元，配0.5股。先知道配0.5股的意義：股票的面額是十塊，所以配0.5股代表股票會從一張變成1.05張，所以隔天的開盤參考價為47.6(50/1.05＝47.6)。

3. 除息又除權。假設利多多公司股價50元，配息3元，配股0.5，計算式是「先除息，再除權」。所以隔天開盤參考價的計算方式是：先除息，50－3＝47；再除權，47/1.05＝44.8。答案是44.8元。

Point **03** ## 填息填權是什麼？

除息交易日前一日該股的收盤價與除息後參考價間必會留下除息價位缺口，如果除息後股價上升將該價位缺口填滿，就是「填息」。

例如，大立光(3008)2011年度公司發放現金股利17元，除息日期定於2012年8月9日，除息前股價是598元，除息參考價就是581元(598－17＝581)，8月9日一開盤，開盤價就是589元，已經超過參考價581元，大立光只花了幾秒鐘價格就超過598元順利「填息」，當天收盤收在609元。

* **填息成功範例──大立光(3008)** (圖片來源：台工銀證)

大立光2011年的現金股利：17元
除息日期：2012年8月9日

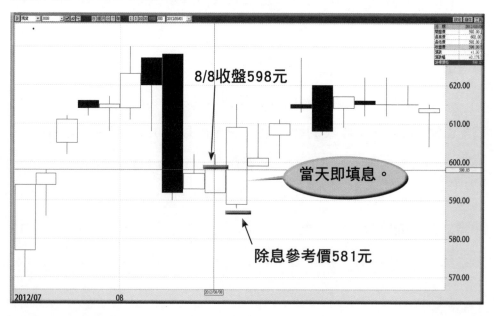

並不是所有股票除息後都可以短時間完成填息，股市大環境不佳或投資人對個股未來走勢有疑慮時，也有可能行情無法回復到原來的價格水準，這就是所謂的貼息。

　　例如，晶技(3042)2011年度公司發放現金股利2.2元，除息日期定於2012年8月20日，除息前股價(8月17日)是49.4元，除息參考價就是47.2元(49.4－2.2＝47.2)，8月20日一開盤，股價就在參考價之下，一直到收盤前還是相當弱，截稿日(8/31)仍處於貼息的狀態。

＊ 填息失敗範例－－晶技(3042)

（圖片來源：台工銀證）

晶技2011年的現金股利：2.2元
除息日期：2012年8月20日

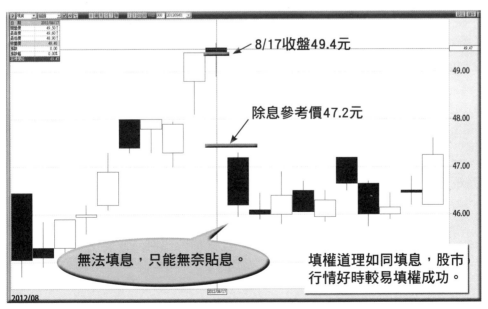

Point 04 **請用範例說明融資與融券的實務操作。**

融資是投資人預期股票行情會上漲，向證金公司以交付一定保證金的方式，買進超過保證金的股票。例如，用30萬元的保證金，融資買進60萬元股票。如果股票能順利上漲，當然能獲得比用現股買進更多的利潤。

* <u>Case:</u>　用30萬元的保證金，融資買進60萬元股票時……

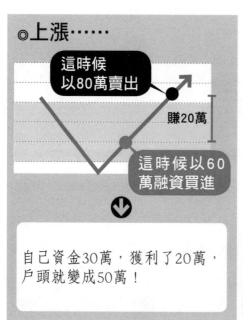

融資買進的股票，可以等賣掉股票後把錢還給券商，也就是「賣出償還」；或者，請營業員試算，要補多少現金，把股票變成現股這就是「現金償還」。

▷ 看壞行情，是融券的機會

目前這檔股票的價格是60元，因為利空因素，我覺得行情可能會下跌到40元……懷著這樣的想法，就可以進行融券（放空），如此才能獲得中間20元的利潤。

一般的股票交易是先買進股票再賣出，這樣就算一個交易完成。並儘量以最低價買進，然後以最高價賣出而獲得利潤。

融券交易則相反。

融券是先向券商借股票賣出，然後再從市場買回來還給券商的交易方式。因此，投資人儘量以高價賣出再以低價買進，之間的差額就是投資人的利潤。

跟買進股票不同，並不是所有股票在任何時間都可以融券放空。目前規定信用交易除部份股票(如ETF及台灣50指數成分股)外，平盤以下不得融券賣出。所謂的平盤就是個股前一天的收盤價。假設利多多企業昨天收盤80元，今天股價要80元以上(含)才可以放空。所以，要放空之前得先查個股是否可以融券，這對當沖交易者尤其重要。

融券的好處是可以抓住下跌的走勢從中獲利，例如，以60萬元融券的股票以40萬元買回來就能賺得20萬。

融券交易有時間限制，若融券放空後行情上漲，即使投資人不願意，但也得高價買回。這是融券放空必需特別注意的。

* **Case：以保證金54萬元，把60萬元的股票進行「融券賣出」時**

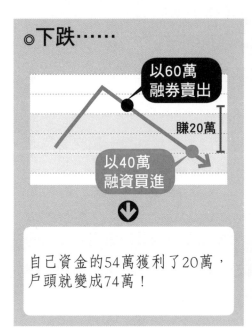

◎下跌……

以60萬融券賣出

賺20萬

以40萬融資買進

⬇

自己資金的54萬獲利了20萬，戶頭就變成74萬！

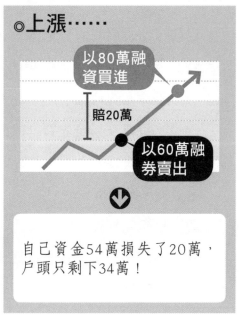

◎上漲……

以80萬融資買進

賠20萬

以60萬融券賣出

⬇

自己資金54萬損失了20萬，戶頭只剩下34萬！

　　現貨買進股票，好處是若公司體質好，暫時的帳面損失不重要，投資人只要不賣出就不賠錢，但融券就必須在一定的時間之內買進股票還給證券公司。向券商借股票融券之後要償還時，可選擇買進償還或現券償還。

▷　**融券買進的成本**

　　買賣股票的手續費都是千分之一點四二五(0.001425)，賣出股票

還要支付千分之三(0.003)的證券交易稅。而融券跟一般現股交易不同，它還多出了以下三種成本－－

1.融券的利息開支，如果融券期間愈長，利息就愈多；

2.借券費萬分之八(0.0008)；

3.有時還會多加「標借費」。

什麼是標借費呢？

證券商把股票借投資人先賣，這些股票的來源是從自家公司別的投資人融資買進的股票而來的。

假設AA證券有利多多企業100張融資，AA證券才有利多多企業100張融券的額度可供投資人融券。假設投資人想融券放空利多多公司的股票，但AA證券公司自己的額度不足，此時證券公司會先問投資人是否要「標借」？

標借也就是由證券公司幫投資人到市場上去競標，而這個標借的費用不像借券費是一次性支付，因為是向市場借股票，所以標借費以天計費。

Point **05** | **做融資風險大，但為什麼做的人還是很多，請多說一下。**

俗稱的「做融資」，就是投資人採信用交易，它包括借錢買進股票(融資)，與借股票賣出(融券)。信用交易是把現金或股票抵押在證券公司，而投資人則被允許用比保證金大的金額進行股票交易。

例如，你提供保證金是100萬元，就能進行大約200萬元的股票交易。如果你夠高明，運用這筆錢就能夠賺到相當於用自有資金進行交易的2倍利潤；但是要是失敗了，也會受到實際資金2倍的損失。

信用交易是透過借用現金和股票進行的交易，所以使用方法錯誤的話，就可能受到很大的經濟損失，但是如果正確的操作並運用自如的話，將會是非常便利的交易方法。而運用融券交易還能在股價下跌時賺取先高賣再低買中間的利潤。

* **信用交易(槓桿原理)的效果**

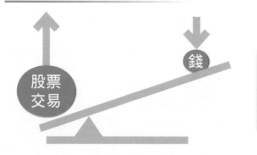

股票交易　錢

也就是把手頭資金變成倍數來搏取利潤。

能夠作為擔保品(保證金)的主要是

現股　和　**現金**

以下歸納出採取信用交易兩項最常見的優點：

好處1： 用自己少數的資金 賺取更多利潤！	好處2： 即使行情不好 也能放空獲利！
在信用交易中，可以使用自己資金的數倍來進行交易。雖然自己的資金也許只有一半，投資所得的結果卻和全額負擔的時候一樣。可用少的資金有機會賺取大的利潤。	在信用交易中，也可進行融券（放空）交易。 買現貨股當行情不佳股價下跌時就會虧損，但是採融券交易在市場走下坡路時依然有機會獲利。

　　進行信用交易前必須先在證券公司開信用交易專用的戶頭，證券公司授予的信用額度是一種階段性的額度，金額會隨著擔保品(股票)的增減而變化。信用交易以股票作為擔保品，因為股票的價格是浮動的，股價出現波動，信用額度也會波動。若投資人把信用額度全部用來交易，就得留意追繳保證金的問題。

　　信用交易可以使用到幾成呢？一般說來購買上市股，融資自備成數是4成；購買上櫃股融資自備成數是5成。上市股和上櫃股融券都是自備9成。但這不是一成不變的規則，有些股票因為飆得太猛或跌得太多都有可能會被降成數。另外，即使個股可以接受信用交易，也不是

隨時都可以採用信用交易，讀者在交易之前，應先上網查詢。

圖片來源:鉅亨網(www.cnyes.com)→股市→台股→行事曆

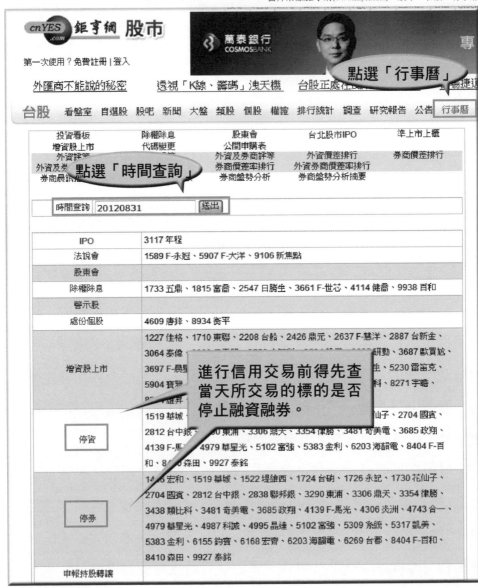

06 媒體常說維持率、追繳與斷頭，它們的計算方式如何？

　　維持率是以市價除以信用交易金額所計算出來的比例，算法如下——

　　假設你融資買進一檔100元的股票，融資成數6成，當股價100元時維持率＝100/60×100％＝167％。股票市價為分子，融資金額為分母，再乘上100％，就是融資維持率。本來是100元的股價，若股價跌到72元時，維持率就變成72/60×100％＝120％。

　　投資人的維持率低於120％以下，就有追繳的壓力。

　　為什麼要有追繳？又是誰在執行這項工作？

　　提供融資、融券的機構為保障自身權益，當股價下跌使得投資人的「整戶維持擔保率」低於 120% 時，會通知投資人當天下午補繳差額，證券商在計算維持率是以整戶計算的，也就是一個戶頭裡所有的股票，只要是採融資融券的全部一併計算，這裡的120%是隨財政部依市場狀況而定的標準，券商可在這標準中做彈性調整。

　　若因信用交易股票損失過鉅，使得融資維持率低於標準，券商追繳保證金若投資人又無法如期繳交，券商就會在市場上自行處理該股票，收回融資借款及相關費用後，將餘款還給投資人。這就是斷頭。也就是證交所替投資人設立的法定停損點。

　　投資人可以不用自己計算維持率，只要透過券商的帳戶查詢就可以查看保證金維持率，所以融資戶要每天檢查帳戶。而且要在一早開始交易前就要先查看，萬一已經面臨被追繳就要考慮停損。

07　除權息日跟融資融券的交易，有什麼相關呢?

除權除息前有幾個「日子」，是操作融資融券者必需要注意的。

假設7/8日是利多多公司的除權息日。那麼會有以下三種情況需要投資人特別注意:

1.先是「停止融券期」7/1～7/7，也就是除息日前的五個交易日不能使用融券放空;

2.再來是「融券最後回補日」7/2，在這天之前所有的融券放空單都必須要強制的回補，也就是投資人要從市場上買回股票還給券商;

3.最後是「停止融資買進期」7/3～7/7，除息日前的三個交易日不能使用融資買進。也就是在這幾天，如果投資人要買利多多的股票參加除權息必須要拿足額的資金才能操作，不過在這之前原本就是融資買的人不受任何影響，還是可以隨時出場;最後，在除息日7/8開始，融資融券就恢復正常。

以上這些資訊，投資人不用自己背，只要上證交所的網站或各大財經網都能找得到即時資料。

投資智典系列

股票獲利智典①
技術面篇   定價：199元

作者：方天龍

股票獲利智典④
5分鐘K線篇   定價：199元

作者：新米太郎

股票獲利智典②
股價圖篇   定價：199元

作者：新米太郎

股票獲利智典⑤
期貨當沖篇   定價：199元

作者：新米太郎

股票獲利智典③
1日內交易篇   定價：199元

作者：新米太郎

股票獲利智典⑥
超短線篇   定價：249元

作者：新米太郎

04章

STOCK

掌握股票行情

Point 01

我分不出何事使股價波動，請用簡單、概要性的說法幫我整理。

　　股票市場是反映經濟與社會各樣狀況的一面鏡子。影響股價的因素是多元而變動的，但大體說來，影響最大最重要的是企業本身的收益（利潤）狀況，包括公司的當前利益、未來利益、營運構想、長期成長的情況等，除了上述企業內部營運的因素之外，影響股價的因素可分為三種：「經濟因素」、「非經濟因素」和「市場內部因素」。

▷　經濟因素、非經濟因素與市場內部因素

　　經濟因素就是行情走向、金融態勢、財政收支、物價、匯率、技術革新、海外經濟狀況和國際股市等。經濟復甦、國內利息下降、物價穩定和強權國家經濟好轉等等都是股價上升的原因。

　　非經濟因素指的是國內、外政治狀況、國際糾紛、災難和恐怖主義等。政局不安定、戰爭的爆發和恐怖主義事件是股價下跌的原因，兩岸政策與互動的情況也直接影響股價。

　　「經濟因素」和「非經濟因素」不一定與企業的營運有直接關係，但卻間接對股價造成影響。與經濟因素相對的，就是市場的內部因素，因為那將直接給股價造成影響。

　　市場內部因素包括法人投資者的動向、交易規則、稅制、企業增資等。所謂的機構法人主要有外資、投信、自營商、及財團法人。因為從事證券買賣的法人買賣數量大，而且有專業人員為其分析判斷，

其動向是影響股價漲跌的因素之一。因為影響股價不是單一理由，所以權衡各種各樣的因素，客觀地進行分析是很重要的。

* **影響股價的內外部因素**

股票市場的外部因素
● 國內、外政治動向
● 世界經濟景氣循環
● 企業營運業績

股票市場內部因素
● 投信、自營商、法人買賣動向
● 外國投資者的買賣動向
● 股市規則
● 企業增資 減資

	正面因素	負面因素
內部因素	企業增資、庫藏股、機構法人、外資的買超。	不利股市發展的法令。
外部因素	利率低下、經濟活躍。	經濟停滯、新台幣堅挺（因台灣以出口企業較多）

02 　最直接且立即能影響行情的因素是什麼？

行情（股價）每日每刻都在變化。

雖然企業業績和經濟狀況不會刻變時翻，但股價卻一直在漲漲跌跌變化著。

為什麼呢？

「供需」是決定市價的全部因素。

比方說，受颱風影響青蔥供給量下降，價格上漲；農夫種太多芒果收成太好，芒果價格就下降。相同的道理，股價也是由需求（購買）和供給（出售）的關係決定的。相對於賣出，買進的人多股價就會上升；相對於買進，賣出的人多股價就會下降。

▷　**股價漲跌是供需的結果**

股價變動最直接的原因是投資者的委託購買和委託賣出時時刻刻發生變化。有新技術開發計畫的企業和業績創新高的企業，股票會吸引很多投資者，委託購買就會增加，股價也會跟著上升。

國際紛爭或政治不安定時，經濟走向不穩，投資者就會降低股票投資意願，對股票的需求減少，股價就會陷入低迷狀態。外資和國內大型基金積極買進的話，股票投資金額會增加，股價就上漲。

股價就像這樣，是由供需（供給和需求）關係來決定。對投資人而言，蒐集供需關係變化資訊，是投資成功相當重要的關鍵。

* 供需決定股價

股價並不影響公司內部的營運。簡單來說，假如企業有一仟萬，股價上漲了50％，公司還是有一仟萬；股價下跌了，公司還是有一仟萬。

Point 03　請說明利率對股價的影響

一般說來利率上漲，股價下跌；利率下降，股價上漲。

用一個簡單的記法是：利率是股價的天敵。

當利率上升，企業從金融機構借入的資金就必需增加支付利息，如此一來，營運獲利因利息支出增加而變小，利潤變小分紅就少，投資人買進的意願降低，於是股價下跌。

另外，利率上升使得企業借貸以擴展營運的意願相對減少，造成的結果將使得企業成長停滯、業績無法突破，連帶的加班費和業績獎金也就減少⋯⋯。個人所得減少了，個人的消費支出也就減少⋯⋯。經濟整體活力呈現疲弱。投資人身上沒有多餘的錢，投入股票的資金變少，股市也就冷冷清清了。因為股市冷清賺不到錢，投資人只好把資金移出股市。

再者，當銀行利率高時，你還會有很強的意願把錢投入未知的股市嗎？把錢存進銀行或郵局，可以獲得安全可靠的利息，相對的將閒錢投入有下跌風險的股票市場意願也就減少了。另一面來說，投資者對於向金融機構借入資金進行股票投資意願，也會因為要支付較高的利息而減少。整體股市買氣減弱的狀況下，股價也就下跌。

相反地，如果利率下降，企業支付利息的負擔變輕，利潤就會增加；投資人閒錢多了，存款獲息不如買股票獲利，投資活力提振，經濟整體呈現一片活躍氣象。企業的剩餘資金和個人資金也會流入股票市場，股價就會上升。

利率和股價有著密切的關係，所以投資股票的人必需關注與利率有關的金融政策。

＊ 利率是股價的天敵

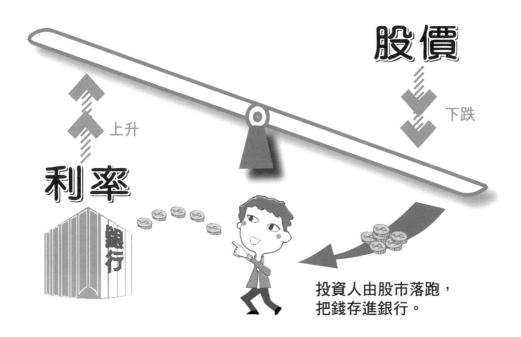

本節所指的利率是：
1 公定利率：中央銀行貸給其他銀行的利率。
2 長期利率：10年以上長期國債利率。
3 短期貸款利率：銀行間短期借貸利率。

Point | **04** | **請說明景氣對股價的影響**

先來講景氣。

常聽人家說「景氣好」、「景氣不好」，景氣除了個人主觀感覺之外，什麼是景氣的量化參考指標呢？

事實上，景氣這種東西沒有一個標準的度量，即使官方會編製「景氣動向領先指標」，但它也是歸類為觀察景氣多種指標之一，而非唯一。

觀察景氣最常用的有：GDP、CPI、貨幣供給額、外銷訂單金額及年增率、景氣動向領先指標……等等。對於初初接觸股票的人看到這裡可能會覺得好麻煩、好複雜，其實每一項指標都是門很深的學問，但投資人沒有必要非深入研究不可，只要懂得概念，至少知道那些名詞所代表的是什麼就可以了。

▷ 股價比景氣早作反應

先來討論，是景氣反應先？還是股價反應先？

一般專家的見解大都認為，股價比景氣指標提早 6 ～ 9 個月反應。也就是說，當整體景氣有復甦預兆時，投資人就會想「未來景氣復甦，股價即將上升」於是提早在便宜時買進股票；相反的，當經濟出現不好的預兆時，投資人就會想「經濟即將不景氣，股價會下跌」於是就在股價還高的時候賣出股票，這就是股票比實際景氣預測指標

提早反應的原因。

　　實際上常常是經濟景氣指標看起來一片榮景時，股價已開始走下坡。所以，比其他投資人早一步捉住景氣的動向非常重要。

* **景氣動向與股價關係**

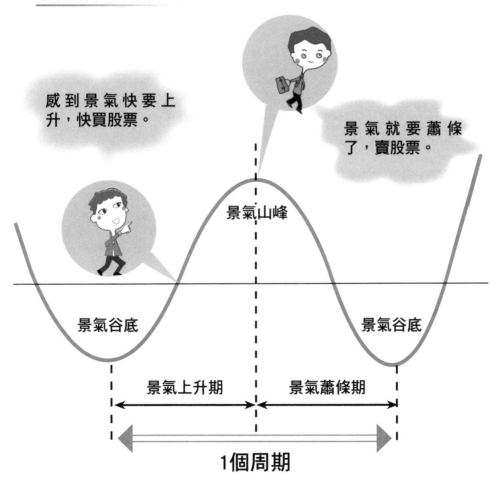

Point **05** **與景氣有關的重要指標，請逐項重點說明。**

　　景氣連續的變動，一段時間景氣持續走好，不久又陷入低迷；接著景氣持續走下坡，不久又好轉，這就是常聽到的景氣循環。景氣繁榮時各行各業獲利，游資充斥股市萬頭鑽動；景氣蕭條時企業營運困難，除了體質好的企業外，企業是在比誰虧得少。要了解景氣，以下是五個重要的指標。

重要指標 ① ：GDP

　　GDP（Gross Domastic Product）就是國內生產毛額，是所有景氣指標中最重要的一項。GDP表示一國的經濟規模，其對上一年的增加率稱之為經濟成長率，是判斷經濟情勢的重要指標。GDP增長（景氣好）是指生產擴大、消費增加，可以推想的是企業營業額增加，利潤增加股價也會跟著上升。行政院主計處在每年2月、5月、8月、11月的15～20日都將公布最近一季的GDP。

* **簡單說GDP就是……**

消費
投資
政府支出
出口額－進口額

＋

G D P

重要指標 ②：CPI

CPI(Consumer Price Index)就是消費者物價指數。CPI是以與居民生活有關的產品及勞務價格統計出來的物價變動指標。我國的調查項目包括食衣住行育樂等564項商品。

比較兩段不同期間的CPI可以知道該期間物價上漲幅度。對股市與債市而言，CPI高於預期屬於利空，低於預期則為利多，因為通貨膨脹上揚將導致殖利率上升，債券價格下跌。CPI由行政院主計處第三局統計發布。

重要指標 ③：貨幣供給額

貨幣供給額指的是某一特定時點，銀行體系以外的企業及個人（含非營利團體）所保有的通貨及存款貨幣總額。

貨幣供給又有廣義與狹義之分，廣義貨幣供給額即俗稱的M2，狹義的貨幣供給額為M1A及M1B。

M1A=通貨淨額+支票存款淨額+活期存款

這三種通貨都是流動性高且極富交易媒介價值的。

M1B=M1A+活期儲蓄存款

M2=M1B＋準貨幣

貨幣供給額M1A、M1B、M2的增減，三者有著微妙關係，當M2減少且M1A 及M1B顯著增時，可以研判，部分的投資人將定存解約並將

這些錢轉存到活存。這種情況代表股市可能在活絡中，因為股款交割均為活存及支存。

貨幣供給額由中央銀行統計提供，每月25日公布上月數值。

重要指標 ④：外銷訂單

國內大量依賴對外貿易，因此外銷訂單為景氣的重要領先指標，因為這些外銷訂單約經過1～3個月將轉化成為外銷金額。外銷訂單增加對股市為利多消息，顯示廠商業績處於擴張階段，並且為匯市的潛在升值力道。

外銷訂單統計是輸出貿易的先期指標，是經濟景氣預測的依據。

目前是由經濟部按月以抽查推估方式計算。

重要指標 ⑤：景氣動向領先指標

景氣對策綜合判斷分數是行政院經建會根據各經濟活動指標所編製，用以判斷未來景氣。

『紅燈』，表示景氣過熱；

『黃紅燈』，表示景氣微熱；

『綠燈』，表示景氣穩定；

『黃藍燈』表示景氣欠佳；

『藍燈』表示景氣衰退。

編製這項信號的統計數據共有貨幣供給、放款、票據交換、製造業新接訂單指數、海關出口值、工業生產指數、製造業生產指數、製造業成品存貨率、股價指數等九項。一般多以綜合判斷分數來作為景氣狀況的參考。

* 景氣指標

領先指標	同時指標
1.製造業平均每月工時 2.製造業新接訂單指數變動率 3.海關出口值變動率 4.股價指數變動率 5.躉售物價指數變動率 6.貨幣供給M1b變動率 7.台灣地區房屋建築申請面積	1.工業生產指數變動率 2.製造業生產指數變動率 3.製造業銷售值 4.製造業平均每人每月薪資變動率 5.票據交換金額變動率 6.國內貨運量

說明：指標的高峰與谷底比經濟循環階段早出現，所以是比較重要的景氣預測工具。一般而言，領先指標連續上升三個月可視為景氣復甦的標竿。反之亦同。

05 章

STOCK

基本面選股

Point

01 請就原則性說明，如何賺到股票的錢。

股票賺錢的原則就是「低價」買「好股」。

也就是說，應該同時考慮到「是否是好股票」、「價格如何」這兩點，才能在股票市場賺到錢。

和平時買東西一樣，再好的東西如果價格太高，買了也不划算。相反的，再便宜的東西，如果質量不好，反而會吃虧。無論是平時購物，還是購買股票，「以低價買好貨」都很重要。

▷ 低價買好股票

什麼樣的股票算得上好股票呢？

穩定獲利並獲利一直成長，這樣公司的股票就是好的股票。

這樣子解讀股票，聽起來很現實！不過，股市真的就是一個如此殘忍的地方－－公司也許只要一個月業績不成長，投資人可能就會棄若蔽屐。再重新強調一次，好股票就是獲利會成長的股票，也就是下個月比這個月好、今年比去年好的意思。「如果公司已經賺很多錢了，這種股票不好嗎？」

過去是過去，除非你能看出這家公司未來還會賺到更多的錢，否則就沒有投資的價值。

所以要是能找到未來幾年獲利增長到10倍的公司，就太好了。這種公司的股價有機會大幅上漲，買它的股票可以大賺一筆。

那麼，如何找值得投資的好股票？

一般常用的方式有兩種，一種是由上而下的選股方法(見下圖)，另一種則是由下而上的選股方法(這種方法就是把下圖的程序倒過來看就對了)，這兩種方式都是有系統的選股法。

股票投資是門很深奧的學問，以這裡所提的五步選股流程，光要搞通任何一步都有難度，更別說五個，因此，我們可以從下圖STEP5的「決定個股」部份先學會，其他的STEP項目，讀者可以從電視上、報紙上慢慢的學習累積經驗與知識，這樣子會比較務實。

＊ 由上而下的選股法　　　　(由下而上的選股法，順序倒過來就是了。)

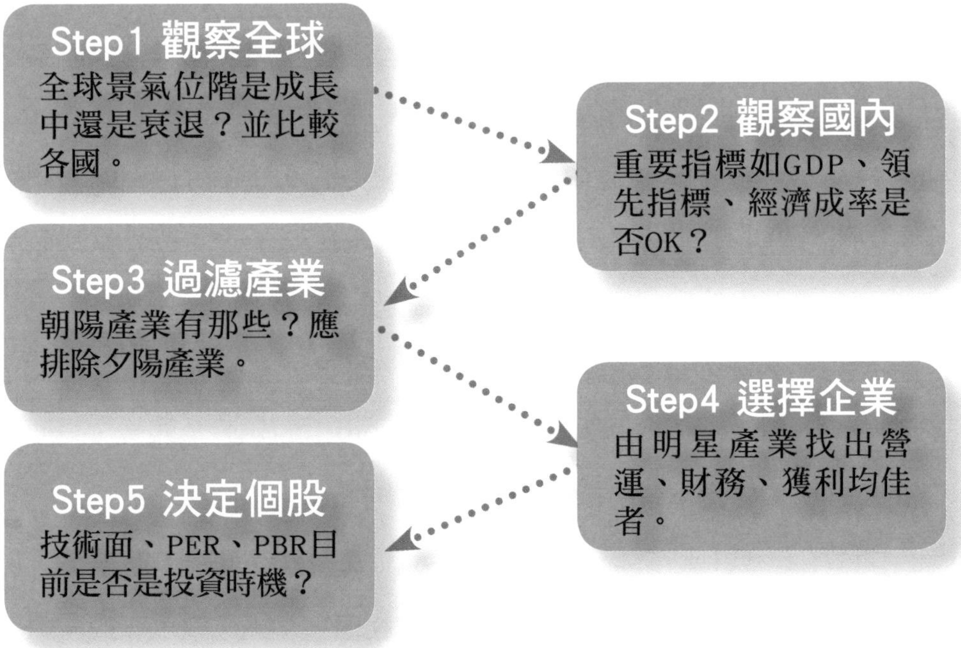

Step1 觀察全球
全球景氣位階是成長中還是衰退？並比較各國。

Step2 觀察國內
重要指標如GDP、領先指標、經濟成率是否OK？

Step3 過濾產業
朝陽產業有那些？應排除夕陽產業。

Step4 選擇企業
由明星產業找出營運、財務、獲利均佳者。

Step5 決定個股
技術面、PER、PBR目前是否是投資時機？

02 「低價買好股票……」，請先說明什麼是「好股票」？

好股票最直觀的解釋就是「未來價格有成長空間的股票」。因著每個人交易策略的不同，所以對「未來」時間點的期待也不同，對於計畫明天就把股票賣掉的人而言，他只要能挑到明天價格比今天高的股票，就是理想的標的；而計畫一年後能順利取得夠多股利的投資人，他就要選明年、後年企業能獲利，股價有成長的標的。

但一般來講，所謂的「好股票」就是「有上漲題材」的股票，它可能是因為企業所屬的產業前景好或企業經營管理的能力佳使得獲利好等等。

美國知名的基金經理人彼得・林區，是業界相當受敬重的選股大師，他同時是一位重視家庭生活的人，彼得・林區雖然在高壓力的金融圈中工作，但他卻很喜歡跟妻子、女兒逛街購物，並喜歡討論受妻子和女兒歡迎的產品。

就這樣，彼得・林區從這些不起眼的生活細節中所得到的資訊，為他所投資的股票賺了很多錢。他的秘訣是從妻子、女兒喜歡的商品中找出相關製造的公司與相關的產業做投資。

彼得・林區的投資特色是利用已知的事實反推回去，重點在於草根調查(kick the tire)，投資偏好兼具成長與價值的類股及產業，只要是好的公司，價格合理皆可能成為他的投資標的。

事實上，彼得・林區選股的方向，投資人也能很簡單的模仿，例如，這幾年超夯的智慧型手機，只要你親自走一趟三C賣場，觀察看看

消費者在那個品牌那一種型號的手機把玩最久、談論最多，大概就猜得到可以朝那個方向去找股票了。

若你是股市新手，很懷疑這裡所提議的「逛街選股法」，不妨花幾個月的時間好好的觀察你逛街的心得與相關股票價格的漲跌，相信你一定會有心得。

或許你會說，讓外行人逛街選股票，資訊一定比那些行家慢。就某一面來說好像是這樣，但實情未必如此，例如，當股票市場的專家們還極力吹捧某檔國產品牌的手機時，從手機賣場與觀察消費者試用並不熱烈的情況反推，投資人也許會有與專家們有不同的見解。這是一個反向的指標，但應用在正向指標，也常常相當靈驗。

例如投資人可以從日常生活工作與環境周圍發現——

「這種綠建築很環保，經營的公司應該會賺大錢吧！」

「水災過後，相關企業的工程應該有表現的題材吧！」

「這家公司生產的東西很有特色！」……

當你發現有些產業或公司很令你心動，不妨回頭查看一下，生產這些商品的公司是那些公司？

用這種角度來看，投資股票其實離我們很近。

比起專家們的報告和分析法，日常生活的靈感更有助於投資。

Point **03** **媒體上我們常聽到「概念股」、「族群」所指為何？**

所謂的概念股(也有人稱XX族群)，這是區分個股群組的概略性分法。通常用來指有共同特質的公司，例如：互相競爭的同一產業公司、有合作關係的上、下游公司、同一集團公司等，都可以被歸納為同一「概念股」，概念股股價有齊漲齊跌的特性。

▷ **齊漲齊跌的概念股**

要取得概念股的資訊，利用網路十分方便，若你已經在證券公司開戶，券商所提供的免費看盤軟體也幾乎都有很完善的概念股分類。投資人(尤其是操作中、短線的投資人)可別忽略對「概念股」的掌握。你可以把股市想成是一個投資人拿了100元每天在市場上操作，因為他的籌碼有限，就是100元，當他看中某一個概念族群(比方說APPLE TV概念股)而重押了70元，就只剩30元可以買其他股票了，因此，散戶要懂得「跟對族群」。

另外，概念股的漲跌也會有某些股票率先反應，其他未漲的「落後補漲」的特性。例如，同一概念族群中，某些個股一週內已經上漲5%，但有些只漲了2%，可以推估只漲2%的有可能未來會「補漲」。

除了掌握即時熱門的產業外，概念股的分類也方便投資人選擇跟自己投資脾胃相同的股票，例如，高配息概念股、新台幣升值受惠概念股，總之，它能為投資人省掉很多選股的力氣！

* 如何查詢概念股

（圖片來源：XQ全球贏家）

專業的看盤軟體，對最新概念股
整理的功夫做得又快又好。

概念股

節能概念股	宅經濟概念股	陸客自由行概念股	桃園航空城概念股
3D顯示概念股	3G概念股	4C匯流節能減碳概念股	4G LTE概念股
4G釋照概念股	AMOLED概念股	Apple iPad 2概念股	Apple iPhone 4概念股
Apple TV概念股	Apple概念股	CES概念股	ECFA概念股
Facebook概念股	Google TV概念股	Google平板概念股	HP概念股

整理好的概念股，方便
投資人一目了然。

Apple TV 概念股

商品	買進	賣出	成交
>> 台達電	102.0		2.0s
日月光	22.3		0s
鴻海	84.7		.8s
仁寶	26.20		26.25s
矽品	33.75	33.80	33.80s
國巨	8.62	8.64	8.62s
台積電	83.2	83.3	83.3s
瑞昱	56.3	56.4	56.4s
正崴	59.4	59.5	59.5s
南科	2.02	2.05	2.02s
燦坤	62.0	62.1	62.0s
晶技	47.25	47.50	47.25s
建漢	21.95	22.00	21.95s
美磊	44.10	44.15	44.10s
智易	31.70	31.75	31.70s
和碩	37.50	37.55	37.55s
泰林	10.40	10.45	10.45s
連展	7.75	7.78	7.78s
萬旭	10.20	10.35	10.35s
嘉聯益	42.50	42.55	42.50s
台郡	135.0	135.5	135.5s
良維	33.55	33.65	33.55s
加高	11.70	11.75	11.75s

04　看準某一項產品有市場潛力，請教我接下來應該怎麼做。

　　看好的企業，接下來的動作不是立刻殺進市場買進，而應該以客觀的資料判斷，包括這家企業現在值得投資嗎？若是值得投資，它應該是長期持有好？還是短線進出好？

　　逛街逛網路，能引起有興趣的產業或商品應有不少吧！例如門庭若市的連鎖餐廳、很有話題性的新藥等等……聽起來實在很迷人，但如果單單主觀的憑感覺判斷，就認定值得買進，這樣就過於著急了。

　　找到看似不錯的公司後，要利用一些方法查看它的業績！

　　前文提及的彼得‧林區，他有另外一句名言「不要投資你不了解的公司。」

▷　以客觀資料判斷是否值得投資

　　雖然我們可能已經生活得很「高科技」了，不過，企業冠上了「高科技」光聽名字還是讓人感覺很厲害。尤其是聽到「這個公司開發了很棒的新技術」，自己即使不懂，也會不禁覺得「哇！很了不起」。但是，如果你對這個產業或技術還是門外漢，不知道這項技術好在哪，能夠賺進多少利潤。要嘛就下苦工研究，否則就別買比較安全。

　　舉個例子，有誰知道「砷化鎵微波磊晶片」是做什麼用的嗎？

　　真是不好意思，我也不知道，不過，如果我計畫投資博達(編按：就

是著名的「葉素菲事件」)買進它的股票，在投資之前就會去研究這種「高科技」在產業結構上是做什麼用的？是誰在用？用在什麼地方？這家公司的競爭優勢有什麼？競爭對手強不強……重要的是，財報反應的結果如何。

當然，不是每一家你所買進的公司都一定要認真的研究它的產業面，但對於成立時間太短、知名度太低、股價短期間波動太大的公司，沒研究前一定不能輕率的投入。

不容諱言，投資股票是「富貴險中求」，但只要觀念正確，「險」是可以控制的。例如，現在有許多很新的生技類股，願景十分迷人，但若詳情投資人本身不怎麼了解，還是不要躁進為宜。畢竟台灣的上市、上櫃公司有近千家之譜，買看得懂的不是比較輕鬆也比較有保障嗎？當然，如果你剛好從事生技業，了解生技業的生態，或是非常有興趣想好好研究，那當然就另當別論了。做任何事都是如此，選擇投資標的也如此。只投入到自己喜歡的、擅長的領域才是成功的秘訣。

日常生活中找到的只是「好公司的候選」。是否是真正的好公司，要好好的用「資料」來確認。而這其中，財報是不可或缺的必要資料。人是鐵，飯是鋼，業績至上，沒有好業績，徒有話題，或是很會說故事是撐不久的。不管長期還是短期，都要好好確認公司的業績才是。

05　財報我最怕了～～請歸納成兩重點，以不超過20分鐘的內容教我。

說到了解企業的業績，最基本的就是看財報，而看財報的重點，最不可或缺的有兩個重點，第一個重點，先看這家公司會不會賺錢；第二個重點，就看這家公司未來幾年會不會倒。

初學者先學這兩招，之後再從這些基本元素展開研究。

▷ 第一個重點：怎麼看一家公司賺錢了嗎？

有沒有賺錢就是看公司的「利潤」，而一般所稱的利潤有三種：

第一種：營業毛利

營業毛利＝營業收入－營業成本

營業毛利率＝(營業毛利÷營業收入)×100%

營業毛利可以檢視企業經營的產品或服務是不是有競爭力。有競爭力的公司，最具體的表現除了營業收入很高之外，就是要毛利高。也就是產品能帶來真正的銷售利益。

什麼是毛利呢？

假設你開了一家咖啡豆專賣店，每一箱咖啡豆進貨成本是100元，賣出一箱的收入是150元，毛利就是50(150－100)元。

營業毛利率則是營業毛利50÷營業收入150的百分比，也就是

33％。

　　毛利的高低不同產業相距很大。以IC設計公司而言，通常營業額
不高，但毛利很高，因為這種產業賣的是人的「智價」，IC設計公司
一旦有能力製作出搶手的、獨門的商品時，毛利有時高達50％以上；
反之，若是像大賣場、超商之類的百貨流通業，進一箱沐浴乳500元，
可能只能賣550元，毛利常常在一成左右，這一類的企業要產生利潤，
得靠大量的營業額才行。

第二種：營業利益

營業利益＝營業毛利－營業費用

營業利益率＝(營業利益÷營業收入)×100％

　　營業利益有人又稱它為「營業淨利」，就是企業的本業收入扣除
直接的成本再扣除管銷費用就是營業利益。它可以顯示企業的本業是
否有賺錢能力。因為營業利益是扣除直接成本與間接成本，所以也可
以顯示出企業的經營控管能力。

　　把營業利益除以營業收入，就是營業利益率(簡稱：營益率)。
如果上例的咖啡豆公司每月要支付人事雜支10，其營益率就是27％
(40÷150)。

　　營益率跟行業別也有很大的關係，軟體業通常擁有較高的營益

率，但像百貨業、物流業，因為必需僱用較多的人工，管銷費用高，營益率就不高。

第三種：本期淨利

本期淨利＝總收入－總支出

每股盈餘＝(本期淨利÷流通在外股數)×100%

企業最終目的，是在產生淨利。

簡單的說，就是一段營業期間內，企業的總收入減去總支出。

一家公司可能本業很強賺很多錢，但業外亂投資或是負債過高導致利息壓垮獲利，反而淨利不高甚至出現虧損。

一家出現淨損的公司，表示營運大有問題。相對的，也有公司本業強、業外收入也好，這種公司的經營能力就很強。

以前面的咖啡豆公司為例，如果今年賺了40，而業外投資又賺了20，淨利就是60(40＋20)，因為這是未繳稅前的獲利，所以就叫稅前淨利。

如果當年度必需繳稅5，稅後淨利就是55(60－5)，稅後淨利也叫本期淨利。

以稅前淨利除以這家公司流通在外的股數，得到的數字就是稅前每股盈餘；以稅後淨利除以這家公司流通在外的股數，得到的數字就

是稅後每股盈餘。一般都會以EPS稱之，所以，在財報上經常會看到
EPS(稅前)、EPS(稅後)。

最基本看財報的方向，就是查看上述這三種利潤的情況如何，如
果這三種利潤指標都有上升的趨勢，第一關算是通過了，也可以說是
暫時合格的股票。

＊ 範例：台積電業績成長了嗎？

2330台積電　走勢圖　成交明細　技術分析　新聞　基本資料　籌碼分析　個股健診
公司資料　營收盈餘　股利政策　申報轉讓

檢查這裡

獲利能力(101第2季)		最新四季每股盈餘		最近四年每股盈餘	
營業毛利率	47.68%	101第2季	1.61元	100年	5.18元
營業利益率	36.14%	101第1季	1.29元	99年	6.24元
稅前淨利率	38.02%	100第4季	1.22元	98年	3.45元
資產報酬率	4.95%	100第3季	1.17元	97年	3.86元
股東權益報酬率	6.49%	每股淨值：	24.21元		

賺錢公司的財報就是一季好過一季。

Q1　Q2　Q3　Q4

* **範例：台積電公司2012年賺到錢了嗎？**

毛利高產品技術能力好，取得市場領先。

季別	2012.2Q	2012.1Q	2011.4Q	2011.3Q	2011.2Q
營業收入	126,501	104,249	103,032	104,819	107,845
營業成本	66,185	55,753	57,846	61,972	59,776
營業毛利 檢查這裡	,315	48,496	45,187	42,848	48,070
毛利率	47.68%	46.52%	43.86%	40.88%	44.57%
營業利益	45,721	35,040	32,818	31,234	36,703
營益率	36.14%	33.61%	31.85%	29.80%	34.03%
業外收支	2,370	687	757	906	2,207
稅前淨利	48,091	35,727	33,574	32,141	38,910
稅後淨利	41,813	33,474	31,579	30,395	35,950
每股稅後淨利	1.6			1.17	1.39

看本業表現如何。

營業利益加(減)業外收支，就是稅前淨利。

▷ 第二個重點：排除瀕臨倒閉的公司

看財報另一個重點是確認公司「是否瀕臨倒閉」！

即使業績好，但貸款過多或是現金不足的公司也有倒閉的危險。因此要對財務體質進行確認。

第一，注意負債比率過高的公司！

「總負債佔總資產比率」是評估企業經營舉債比率高低的計算工具。也就是公司資產中，借款的部分所占比例。

公司的總資產扣除股東自己的資產後所剩部分叫總負債。總負債跟總資產相比就是「總負債佔總資產比率」。

負債比率越低表示財務愈安全。但標準多少才可以說安全呢？沒有一定的標準。因著行業不同最好的方式是跟同業相比。例如銀行和不動產業，負債比一般會比較高，但如果高到超過100％，那還是非常危險。這種公司，基本上可以排除在投資選擇以外，因為這個數值高過100％顯示公司經營過度擴張，將來資金周轉有可能出現困難。

對於股東來說，負債比率過低也不是好現象。

因為如果公司有能力借到低利的資金，藉此創造高利潤的收益，股東便可以因公司的「低息舉債經營」而獲得更多的報酬。

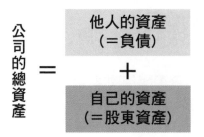

公司的總資產 = 他人的資產（＝負債） ＋ 自己的資產（＝股東資產）

總負債佔總資產比率 ＝ $\dfrac{負債總額}{總資產}$

負債比率愈高表示企業借錢愈多，借太多錢公司就不穩。但有的行業別如航空業、地產業本身就是高負債產業，所以要跟同行相比較客觀。

* **範例：台積電有沒有向外借太多錢？**

負債比率愈低，表示借錢借愈少。比率愈低，財務就愈安全。

借錢比率高嗎？

台積電 2330 財務結構季

財務分析
財務結構分析
償債能力分析
經營效能分析
獲利能力分析
財務結構分析(合併)
償債能力分析(合併)
經營效能分析(合併)
獲利能力分析(合併)

固定資產比率

| 季報表 | 年報表 |　　　　　　　　　　　　　　　　　　最後更新日期：2012/8/29

期別	2011 第4季	2011	2011 第3季	2011 第2季	2011 第1季	2010 第4季	2010 第3季
固定資產比率	58.88%	57.91%	59.68%	59.97%	58.61%	56.23%	52.32%	50.90%
固定資產對股東權益總額比率		71.95%	72.17%	73.06%	79.59%	67.69%	63.90%	61.62%
固定資產對長期負債比率	1,	358.64%	2,524.30%	2,429.89%	0.00%	0.00%	8,152.32%	7,099.36%
固定資產對長期資金比率	77.61%	68.33%	70.16%	70.93%	79.59%	67.69%	63.40%	61.09%
負債總額對資產總額比率	28.16%	19.51%	17.31%	17.92%	26.37%	16.93%	18.12%	17.40%
股東權益對負債總額比率	255.18%	412.55%	477.64%	458.17%	279.29%	490.76%	451.75%	474.84%

檢查這裡

路徑：蕃薯藤(www.yam.com)→即時股市→輸入台股名稱→財務分析

第二，由流動比率看償債能力

假設一家企業負債比不高，是不是就可以讓投資人高枕無憂呢？負債比不高只能說公司體質算健康，但還要查看短期現金流動如何？

試想，如果一位大地主手邊沒有現金，可能連碗陽春麵都吃不起。因此，投資前要查看「流動比率」與「速動比率」，看看這家公司短期償債能力如何？

流動比率就是公司流動資產除以流動負債的比率。流動資產又稱短期資產，指的是一年內或一個營業循環內，可轉換為現金的資產。當流動資產大於流動負債（一年內到期的負債）時，表示公司一年內的營運所帶入的資金流量可以清償負債。相對的，如果流動負債大於流動資產，就會出現周轉困難。

計算公式 - -

流動比率＝流動資產／流動負債

如果企業的流動比率高於2倍（200%），表示企業在短期償債能力上不會有問題，如果在2倍（200%）以下，甚至有嚴重偏低的情形時，表示企業在財務的控管上有缺失，就得小心了。

第三，由速動比率看短期償債能力

速動資產是流動資產中的一部份，也就是企業可以「快速變現」的所有資產，包括現金、銀行存款、債券、股票、應收帳款及應收票

據。簡單來說，「速動」比「流動」的變現性還要高。速動比率的方式與流動比率一樣，只把分子改成「速動資產」。

計算公式－－

速動比率＝速動資產／流動負債

所以，所謂的「速動比率」就是用速動資產清償流動負債的比率。速動比率高，公司償債能力強；速動比率低，表示公司償債能力差。一般當速動比率大於１倍，算是企業具備了安全償債能力；低於１時，就表示公司短期的資金調度能力較吃緊。

財測做假的問題

公司自己公布財測即使與事實有出入也不會受到什麼處份，不過如果情節重大足以影響投資人權益的話，還是會被證交所警告甚至停止交易或下市，有時連公司的財務長、會計、負責人也會被送法辦。

* 範例：台積電短期有沒有倒閉的危險？

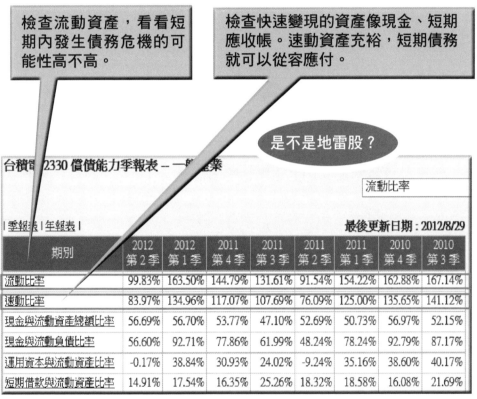

檢查流動資產，看看短期內發生債務危機的可能性高不高。

檢查快速變現的資產像現金、短期應收帳。速動資產充裕，短期債務就可以從容應付。

是不是地雷股？

台積電 2330 償債能力季報表 -- 一般產業

流動比率

| 季報表 | 年報表 |　　　　　　　　　　　　　　　　　　最後更新日期：2012/8/29

期別	2012 第2季	2012 第1季	2011 第4季	2011 第3季	2011 第2季	2011 第1季	2010 第4季	2010 第3季
流動比率	99.83%	163.50%	144.79%	131.61%	91.54%	154.22%	162.88%	167.14%
速動比率	83.97%	134.96%	117.07%	107.69%	76.09%	125.00%	135.65%	141.12%
現金與流動資產總額比率	56.69%	56.70%	53.77%	47.10%	52.69%	50.73%	56.97%	52.15%
現金與流動負債比率	56.60%	92.71%	77.86%	61.99%	48.24%	78.24%	92.79%	87.17%
運用資本與流動資產比率	-0.17%	38.84%	30.93%	24.02%	-9.24%	35.16%	38.60%	40.17%
短期借款與流動資產比率	14.91%	17.54%	16.35%	25.26%	18.32%	18.58%	16.08%	21.69%

路徑：蕃薯藤(www.yam.com)→即時股市→輸入台股名稱→償債能力

Point 06　財報多久公布一次？要去那裡找資料？

根據規定，公開發行公司必需公布的財務報表有：

月報：

次月的10日之前，只提供營收數字，不需提供獲利狀況。

季報：

第一季：結算1月1日到3月31日，申報期限是4月30日前；第三季：結算1月1日到9月30日，申報期限是10月31日前。需提供獲利狀況。

半年報：

第二季(合併半年度)財務報告，結算1月1日到6月30日，申報期限是8月31日前。需提供獲利狀況。

年報：

第四季(合併年度)財務報告：結算1月1日到12月31日，申報期限是隔年的4月30日前。要提供最完整的財務資料。

上述的這些財報除了月報之外，都需經過會計師查核，且因為涵蓋的時間長短不同，所以公布的時間不同。

月報是不需經過會計師查核可以逕行公布的自結數。

投資人若想早一點知道公司經營的概況，把前三個月或前半年的月發票營收相加就可以早一點知道營收數字。這個數字跟將來正確的數字可能會有差距(因為還有銷貨退回銷貨折讓的變數)，不過分析師會先採用這些數字粗估企業的營運概況，畢竟股市總會反應最新題材。

各大媒體與財經網站、券商網站都查得到上市上櫃的財報，一般這些數據已經都被整理過，雖然在使用上比較方便，但投資人還是直接上證券交易所公開資訊觀測站(newmops.tse.com.tw)資訊最完整也最即時。

這個網站可以查詢除了上市上櫃外，興櫃與公開發行公司的資料也能查得到，而且還有重大訊息公告是投資人必逛以取得第一手資料的網站。

＊ 月營收資料蒐尋範例　　　　　　　　　　　　　　　(圖片來源：公開資訊觀測站)

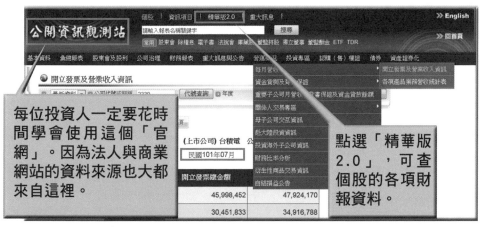

公開資訊觀測站→營運概況→每月營收→開立發票及營業收入資訊

Point 07　常聽到「財測」，這個數字有參考價值嗎？

　　從94年起，上市公司的財務預測(財測)採「非自願性公佈」，所以，在交易所的網站不容易查到資料。這樣的措施看起來好像對投資人「很不方便」，其實也未必。因為過去公司的財測常有作價、誤導投資人之嫌，比方說，明明公司今年不可能賺錢，公司年初卻發下豪語說今年EPS將高達5元，結果半年過去了，公司就以各式理由說達不到業績而調降財測，因此過去曾發生公司一年內連調四、五次財測(不一定全調降，也有業績大好而調高的)，與其公布這種不知道有沒有良心的財測，還不如別強公司所難。畢竟，股票市場不怕公司講的不準，只要有題材，總是會影響股價動向。

▷　**財測資料的取得**

　　在媒體上我們可以看到很多上市櫃公司財測的資料，除了公司自行公布的財測外，外資、券商、投顧以及媒體預估，甚至是投資人自己計算的都有。上網查詢可以直接鍵入關鍵字「券商報告」或「外資評等」之類的，再慢慢找尋。

　　利用券商的網站直接點選「(預估)EPS」或「(預估)本益比」是最快找得到財測資料的，但是根據經驗，這些數字準確度只能靠自己多方參考了，因為每一家「預估」的都不太一樣。

　　外資對上市公司的財測、評等與目標價，一般媒體很愛引用，不

過，若是第一手的權威資料或報告，是需要付費的，而且價格頗高。

　　蒐集上市公司的財測與相關的研究報告要留心兩件事：

　　1.提供資料的券商夠權威嗎？。

　　2.發表研究報告的人是誰？他有相當的影響力嗎？比方說外資券商的某些天王級產業分析師對行情的觀點，對市場就十分有影響力。

▷　有關「股票評等」

　　前面討論過許多投資股票的概念，沒有捷徑，投資股票就是要分析公司經營狀況。然而這對一般投資人來說就算你很會看財報，分析起來還是不容易。因此證券公司、投顧公司會每天或不定期公布對上市上櫃公司的研究報告與評等。

　　評等一般會分成「買進」、「逢低買進」、「觀望」、「逢高賣出」、「賣出」幾種等級。現在手機簡訊很方便，如果你已在某家證券公司開戶，有些營業員也會傳簡訊給投資人，像什麼「xxx公司今年看上5元！」「飆股特報！！外資買超XXX股XXX張。」

　　像這樣的投資評等國內外法人與證券公司都有。不過，評等始終是一種預測，有很多是落空的。重點是即使評估錯誤，分析師和證券公司也不需負責任。畢竟投資判斷始終是投資者自身的責任，因此在看股票評估時要注意以下幾點：

第一，預測值是相對的，並不是絕對的。

第二，要注意其評等的概況指的是哪一段時間。

第三，試著和其他證券公司的評估比較一下。

有些證券研究員對自己所善長的行業(股票)有很深入的研究，比方說，有的研究員專門研究塑化類股，其所提供的塑化產業研究報告有很高的參考價值，可是有些研究員為了要評估企業，多次的拜訪企業高層聽取簡報，如此投資人反而要很小心，因人情或商業壓力，證券研究員是很難把他們的顧客(或朋友)評估得很低的。若是對方心懷不善跟公司一起作價、拉抬、放假消息，投資人也許可以很多次都賺到錢，但這種情況只要遇到一次就會讓投資人受傷很重。所以，請牢記以下這句話：

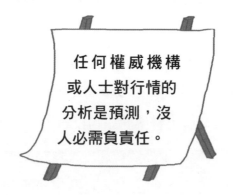

任何權威機構
或人士對行情的
分析是預測，沒
人必需負責任。

至於到那裡看財測或股票評等呢？若投資人想要參考比較多元的股票評等說法，鉅亨網的「研報」可以做為參考。

* 參考財測範例

（鉅亨網(www.cnyes.com)→個股報告）

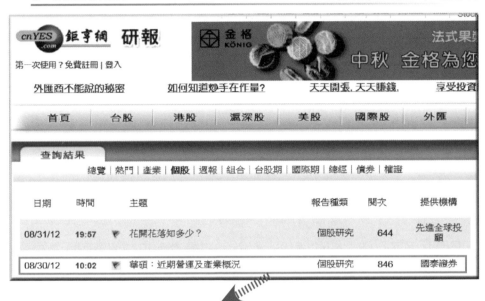

2013年市佔率持續提升：依據IDC的資料，華碩2012年第二季在Mobile PC的市佔率由去年同期的8.5%上揚至11.1%，出貨量較去年同期成長高達30.8%，成長最大的區域包括北美、亞太及西歐，分別達46%、33%、34%，尤其在美國市場推出Zenbook及Nexus 7都對華碩的知名度拉升有助益，預期2013年華碩在產品具創新設計下，市佔率仍可持續提升，巴西、印度等新興市場將持續挹注動能，2013年NB市場的成長力道在5~10%，華碩可望有優於市場的表現，預估2013年合併營收年成長10.0%達4,788.69億元，營利率由5.2%上揚至5.5%，稅後EPS為32.89元。

項目(合併)	1Q'12	2Q'12	2(F)	2011	2012(E)	2013(F)
營業收入(百萬元)	98,551	103,77	949	384,112	435,517	478,869
營收成長率(%)	-11.56		-10.63	13.38	9.95	

2013年NB市場的成長力道在5~10%，華碩可望有優於市場的表現，預估2013年合併營收年成長10.0%達4,788.69億元，營利率由5.2%上揚至5.5%，稅後EPS為32.89元。

	6.65	6.40	7.82	8.14	22.02	29.01	32.89
每股盈餘(EPS；元)							

EPS以目前流通在外股本75.28億元計算

08 「看財報做股票一點用也沒有」，為什麼常聽到這樣的說法呢？

　　對於業餘投資人（散戶）而言，只想利用幾個簡單的財務數字就企圖「捉」住股價的動向，本身就不切實際，因為影響股價變動的因素相當多，企業的獲利表現只是股票價格波動的因素之一，大環境好不好、籌碼如何、產業前景……都會影響股價。另外，投資人本身的計畫更攸關投資成敗，包括你計畫今天買明天賣？還是這週買下週賣？還是今年買明年賣……又是另一個大變數。

　　既然變數如此多，那麼，是不是就不要學財報呢？當然不是。

　　一方面，投資人要儘可能的學會看財務報表，一方面，則要用經驗累積財報與行情之間的關係。例如，初學者常犯一個謬誤，認為這家公司業績與獲利都成長了，股價一定會相應的提高，但事實上並不是如此，業績的發展過程確認完畢後，重要的是未來是否仍持續這樣的好勢頭。

　　比起過去和現在，看準未來對於投資股票來說更加重要。尤其是公司公布的業績預測，所有投資人都很關注。

　　預測資料當然有它的好處。不過，判斷預測是否真正符合實際也很重要。有時公司的預測可能不準。因為預測是自我報告，有的公司預測偏向樂觀，有的公司預測偏向保守。

　　再美好的預測，如果不準確，那也只是畫餅充饑。一旦未來公布業績向下方修正，失望的投資者會一口氣將持有的股票賣出。如果這樣，股價會暴跌……！

在公司尚未發布獲利數據前，比較重要的大型企業、證券公司、投信、網站都會有研究報告，包括業務是否如期？重大計畫的達成率如何？此外，也會有公司董事長或重要經理人的訪談，這些在正式財報尚未出爐前都會有些風聲與資料。尤其要留心產業龍頭重量級人物的發表，如果企業家本身已建立起相當的信譽，他個人對企業未來樂觀或悲觀往往會大大的影響未來股價。除了看財報了解業績的成長狀況，還要再確認以下4點。

▷ 業績之外，還需確認以下四點

1.公司規模是否過大

股本大的公司，可以顯示以往經營績效良好，所以累積了較多的經營資本。不過，也因為股本大，另一個意義是獲利難度提高了。

這就像大小不同的兩個盤子，小盤子只要裝一瓢水盤子就很滿了，但大盤子裝了同樣的一瓢水，卻對整體影響不大。這也就是為什麼熟悉股市的老手，不喜歡大股本公司的緣故，因為比起小公司而言，大公司要提供十分亮眼的盈餘相對不易。

早期台灣的科技類股採高配股的股利策略，一方面企業為了取得商機必需不斷的擴充資本，所以獲利多數並未以現金發放給股東。對投資人來說，高額配股意味著股本大獲利稀釋，但因為有「高成長」

為題材，投資人也樂得參與除權。然而，股本愈來愈大等於分母加大，除非利潤能跟得上股本的同步增長，否則獲利一定會稀釋。

＊ 企業獲利還會繼續成長嗎？很重要

2.商品和服務是否有魅力？

選股除了盈餘，還要看公司價值。所謂價值，經營團隊過去為股東所創造的利潤並不代表未來就能持續，公司的產品或服務是否有魅力？公司特有的優勢在哪裡？這是未來業績增長的前提。

3.企業還會迅速增長嗎？

產業前景不明是企業成長趨緩的重要原因。相對應的來說就是產

業前景大好，且公司掌握了獨特難以取代的優勢時，企業成長可期，股價自然大有表現空間。

　　因此，要多方面判斷公司業績還會增長嗎？是否剛起步？還是業務已經擴大到一定程度了？若企業現在很好，但繼續增長餘地不大，那麼業績和股價的增長可能不會很順利。

4.競爭是否過於激烈？

　　是否有競爭公司？如果有，對方會不會對該公司構成威脅。再有希望的公司，如果競爭對手過多，競爭過於激烈，獲利也會變困難。

　　競爭激烈導致過度降價捲入價格戰，使得公司業績惡化就是典型例子。業務只有這家公司能做，或者新進者很難參與其競爭力就較強。

＊　比起過去的業績，未來的更重要

就像賽馬一樣，過去的成績只能當參考。

06章

STOCK

本益比徹底研究

Point 01 初學者若只想學一種財務指標，應該從那一個指標開始呢？

初學者建議可以從「本益比」開始。因為它是判斷股價「便宜度」一個既好學又實用的指標。

用500元買1000元的東西！在股票投資上有沒有這樣的方法？

有，那就是本益比。

不過，要買「便宜」的股票，得先確認是值得投資的好股票。

這就像一支你很喜歡的手錶，不要用20萬去買只值10萬元的錶，但如果你能只花5萬元就買到值10萬元的喜歡的手錶，那就賺到了！

▷ **投資一定要知道本益比**

股票也一樣。先尋找有價值的股票(詳見前一章內容)，然後用非常便宜的價格買下。

20世紀最成功的投資家華倫‧巴菲特(Warren Buffett)靠投資積累了龐大的資產。他認為投資股票成功的最大秘訣在於「就像以50美分換1美元一樣來購買股票」。換個角度來說，也就是「價值1元的股票，投資人等到價格是0.5元時候再來買」。

先說什麼是本益比。

本益比中的「本」指股價，也就是由市場上買進股票的「成本」；「益」就是指每股稅後純益。如果利多多企業股票的本益比是10，表示利多多企業股票的市價就是每股稅後純益的10倍，也就是投

資人必需付出這家公司每年獲利能力的10倍來購買這張股票。

▷ 股票夠便宜了嗎？

本益比是從公司的效益（利潤）出發判斷股價是否便宜的工具。

也就是價格是每股利潤的幾倍。

舉例來說，每股利潤為每年10元的公司，現在的股價是100元，那麼本益比就是10倍（100元÷10元）。同樣，如果每股利潤為每年10元的公司，現在的股價是200元，本益就是20倍。

用利潤10倍的價格買和利潤20倍的價格買，當然是10倍的價格比較便宜。

因此，本益的數值越小，也就是股價越便宜。請看以下一則簡單的範例，就可以知道，本益比的基本應用。

* 看看股價有幾度便宜──本益比

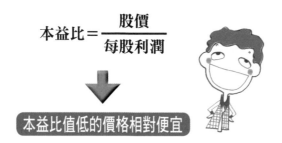

$$本益比 = \frac{股價}{每股利潤}$$

本益比值低的價格相對便宜

➡ 那個便宜？

> Ａ 每股利潤每年10元　　股價100元
> Ｂ 每股利潤每年10元　　股價150元

很簡單，
答案 Ａ

➡ 再跟Ｃ比，那個便宜？

> Ａ 每股利潤每年10元　　股價100元
> Ｃ 每股利潤每年15元　　股價120元

#@*&﹥……

➡ Ａ以利潤的10倍買，Ｃ以利潤的8倍買，所以Ｃ比較便宜。

> Ａ 的情況 $\dfrac{100元}{10元} = 10倍$

> Ｃ 的情況 $\dfrac{120元}{15元} = 8倍$

Key-Word

法說會

法說會是「法人說明會」的簡稱。上市公司為了向公司的大股東、市場上的三大法人(包括外資、投信、自營商)報告公司最近的訊息與未來前景，大都會選在每一季的季報公布前(或半年報公布前)召開法說會。

在證交所的公開資訊觀測站或上市公司自己的官方網站都可以找得到召開的日期。不過，這不是股東會，所以不對一般股東開放。

理論上法說會中如果公布利空或利多消息，應該會影響股票價格。不過，通常只有很短期的影響或完全不影響，因為不管利多或利空，在法說會前股價通常會提前反應，法說會只是「說一說」而已。

用過去的獲利計算本益比，合理嗎？下一季企業又不一定能賺那麼多！

這是一個非常好的問題，比起用實際獲利計算出來的本益比來衡量公司的便宜度，用「預測」的本益比更重要也更具參考價值。報紙和網上的資訊看到的本益比，通常指的是「實際業績本益比」，也就是「已知本益比」。回顧一下本益本的公式是——

本益比 ＝ P(價格)÷EPS

▷ 三種本益比

分子P(PRICE)是「價格」指的是現今的價格；分母EPS(Earnings per share)若採用的是過去的EPS算出來的就是已知本益比，採用未來測預的EPS算出來的就是預測本益比。市場上會聽到「本期預測」可能聽不習慣。它是指「現在所處年度業績預測」。總括來說本益比有三種。

* 本益比幾種不同的計算方式

已知本益比	預估本益比	相對本益比
過去 獲利狀況 與目前股價的比值	未來 獲利目標 與目前股價的比值	相對於 同行或市場 與目前股價的比值

已知本益比

已知本益比反應的是過去獲利狀況與現今股價的比值，比方說2012年9月3日台積電的收盤價是84元，台積電最近四季公告的稅後純益(稅後EPS)分別是2012年Q2：1.61元；2012年Q1：1.29元；2011年Q4：1.22元；2011年Q3：1.17元，也就是最近一年每股稅後純益5.29元，那麼，台積電目前股價的本益就是84÷5.29＝15.9倍。

雖然這個數字正確，但對於股價的評估，這項指標就顯得落後了，因為它是以過去的表現為基礎。

預估本益比

上市上櫃公司會針對未來一年發表營收與獲利目標(但沒有強制性)，以這些預估值當基礎所計算的本益比就稱為預估本益比。

此外，外資、證券公司、媒體、投顧……也會有自己一套計算方式推算企業的獲利預期，由此推算出預測的本益比。

預估本益比 ＝ 當日股價÷預估當期的每股獲利

預估本益比由於涵蓋尚未發生的未來變化，因此仍有相當多的不確定因素。

要運用預估本益比，必須要隨時觀察產業與公司動態，換言之就是把成長率預估值一併計算進去。想了解預估本益比，有些網站已經整理出來，以下舉群益金融網(www.capital.com.tw)為例。

利用預估EPS計算出來的本益比就是預估本益比。

另外，外資又常參考本益比/盈餘成長率比值PEG(Price－Earnings/Growth Ratio)。

PEG ＝ 本益比÷盈餘成長率

PEG值是衡量股市相對投資價值及盈餘成長性的綜合指標，考量價值（本益比）及成長（盈餘成長率）兩大投資取向。

PEG值愈低，代表股市本益比愈低，盈餘成長性愈高，或兩者兼具，投資增值潛力也相對較大。

一般都會採最近一季本益比/最近一季預估成長率。在網路上鍵入「PEG排行」也能搜尋很多家證券公司已經整理好的數字。

當然，這種預估獲利成長率也同樣有不確定因素存在。

以下一樣舉群益金融網(www.capital.com.tw)為例。

（圖片來源：群益金融網）

相對本益比

　　單單從本益比來評估股價是否便宜，初聽之下似乎很合理，但再深入一點來理解，就知道其中有許多矛盾之處。

　　怎麼說呢？

　　舉個例子來說，任何人都知道投資小吃店跟大飯店風險與報酬率是不一樣的，計算小吃店可能1年(本益比=1)就回收，但大飯店可能算出來得20年(本益比=20)才回收。所以，在進行「到底這個價格便宜嗎？」的比較時，不同產業甚至是同產業但不同規模的公司，都要抱

著不同的角度來理解。這個道理很容易懂,就像我們把同樣一條街的很多家小吃店一起比較或者把同一區域的大飯店一起比較,所得的本益比就有意義多了。這也就是相對本益比的概念。

市面上有許多「相對本益比」的計算公式,不過,死背公式並不一定有用,重點在於要能理解它的意義。

值得一提的是,同產業互相比較本益比是比較有意義的,而個別股票也可以跟該產業的本益比相較。此外,雖然同產業的兩家公司,因為兩者的規模不同(例如小吃店與飯店),本益比也不能死硬的比較。

台灣證券交易所(www.twse.com.tw)→交易資訊→盤後資訊→個股日本益比、殖利率及股價淨值比

同產業(本例為「汽車工業」)互相比較本益比較有意義。

101年09月04日 個股日本益比、殖利率及股價淨值比(依證券代碼排序查詢)				
證券代號	證券名稱	本益比	殖利率(%)	股價淨值比
2201	裕隆	24.88	1.89	1.29
2204	中華	12.59	4.41	0.88
2206	三陽	25.87	0.00	1.17
2207	和泰車	16.36	3.76	4.31
2227	裕日車	14.77	3.81	4.20

03　本業和業外賺來的錢都是獲利，也一併計算在本益比內了嗎？

　　是的。計算本益比時，是把企業的本業與業外的盈餘一起算進EPS。但這不完全合宜，投資人要自己留意。

　　在前面的問題中曾提到，為什麼有些人認為看財報做股票一點都不準。因為若我們用一種很粗糙(或說很一般)的方式硬套用公式，許多立意良好的財務指標就會失靈，例如，本益比的計算基礎本益比中的「益(利益)」的確是沒有區分這項利益是本業賺來的還是業外賺來的，除非投資人特別研究它的財報。

▷　**本業與業外獲利**

　　企業獲利的來源可分為本業與業外。

　　比方說一家食品工廠主業是食品銷售，但今年它賣掉了一塊土地得到了一大筆錢，如果今年這家企業的EPS一共賺了5塊錢，其中本業食品的部份賺了2塊錢，賣土地賺了3塊錢，若你抱著「當股東，分紅利」的心態，EPS有5塊錢，投資人分享得到公司今年所有的獲利這一點也不成問題。但土地賣掉了就是別人的，這種業外收益並非長期穩定的獲利，在實際的投資行為上估算本益比時，應該把非恆常性的業外部份扣除比較合理。所以，最好的方式還是攤開企業的財報仔細的看看，如果這家公司今年很賺錢，是本業賺來的呢？還是業外賺來的呢？

試想，假設這家食品公司現在股價是50元，計算EPS用5塊錢計，本益比就是10倍，看起來股價好便宜，但如果扣除業外的3塊錢，本益比是25，顯然就太貴了。

　　本業獲利所代表的意義表示公司具有某種營運的能力，無論是產品行銷、技術能力、管理能力等等，使得公司可以用較少的資源創造出較高的獲利。但業外獲利就不一定了。

Key-Word

EPS

EPS是每股盈餘（Earnings Per Share）的簡稱，簡單地說，等於公司盈餘（扣除特別股股利）除以其發行股數，代表每一普通股所獲得的盈餘，是用來評估公司獲利能力的重要指標之一，每股盈餘越高，代表獲利能力越強。

Point ___ **04** **本益比多少比較好呢？**

　　從過往經驗和世界各國股市看，本益比平均大概在15～20倍之間。

　　一般認為本益比在15倍以下的股票是逢低買進的標的之一，如果本益比低於10，以長期投資的方式持有通常可以獲利。如果本益比已經高過20甚至30、40就已經算貴了。

　　不過，以上的說法只是普遍性的說法，產業不同、財經大環境不同，都會影響本益比的評估。

＊　**本益比幾倍合理？**

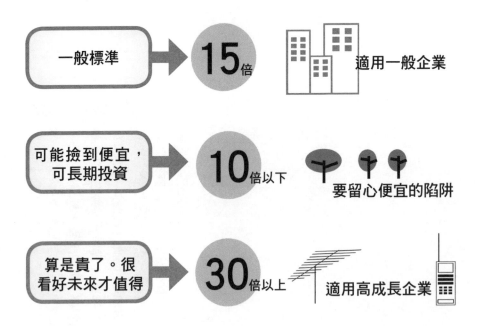

一般標準　➡　**15**倍　　適用一般企業

可能撿到便宜，可長期投資　➡　**10**倍以下　　要留心便宜的陷阱

算是貴了。很看好未來才值得　➡　**30**倍以上　　適用高成長企業

有些公司本益比已經很高，但股價仍繼續漲，為什麼呢？

還記得前面提過，一般所說的本益比，都是指已知本益比吧！

股價是反映投資人對企業未來的營運看好或看淡，因此對未來成長想像空間愈大的股票，市場所給予的本益比就愈高。比如，今年每股利潤是10元的公司，今後3年它會持續成長20%。每股利潤變化是明年12元（10×1.2），2年後14.4元（12×1.2），3年後17.2元（14.4×1.2）。3年後，每股利潤從10元只增長到12元的公司與由10元增長到17.2元的公司相比，投資人在投資心態上將會認為，他們可以花比較多的錢去買未來三年利潤可達到17.2元的公司，因此市場上迅速增長型的企業很受投資者歡迎，買氣旺股價上漲，本益也變高。

所以，如果看到一家公司目前本益比已經超過20倍就由此判斷「比標準值高，不買這家的股票」，並不一定正確。

投資者期待（也預想）未來該公司迅速成長，所以心中的股票價格是按增長後那一刻的利潤判斷的，這個道理很容易理解，雖然投資人理性上會說「本益比還是不要太高才好」，可是當你發現這家公司未來業績會持續快速成長時，就覺得有必要把本益比提高。別的投資者也認為，成長快的公司即使目前價格貴還是可以買，所以目前的市價就被愈疊愈高了。雖說一般本益比標準值是15倍，但對快速成長型的公司，有的投資者心理標準可能是20倍、30倍、40倍不等。

何謂快速成長型公司？沒有明確的定義。一般預期「3年持續20%成長率」，就算是高成長型公司。

＊ 利潤快速成長型的公司本益比通常較高

很令人期
待哦……

股價200元，目前本益比20倍

今年公司賺10元，假設每年盈餘
成長20%，明年就是賺12元，後
年賺14.4元。如果我以後年預期的
的獲利能力當成本益比的標準EPS
就設定為14.4。

・設定本益比15倍(一般水準)的思考……

每股利潤	X	本益比	=	股價
14.4元	X	15倍	=	216元

・設定本益比20倍(對於成長型公司期待)的思考……

$$14.4元 \quad X \quad 20倍 \quad = \quad 288元$$

・像這樣，如果把未來成長性也考慮進去
股價好像300元以內都算合理不是嗎？

目前200元
算是便宜
了。

投資人對於高成長的公司，本益比就
會設定高一點，所以，有些股票即使
很貴還是有人買。

我接受高成長企業本益比應高一些，但它有什麼標準可依循嗎？

　　獲利成長率跟本益比有很高的相關性，一般高成長企業的本益比可以捉成長率的1～2倍當成參考值。讀者可以透過以下的範例思考這個問題。

▷ 成長型股票持有愈久成本愈低

　　附表甲和乙公司的2012年每股利潤都是1元，甲股價是10元，乙股價是20元。本益比分別是10倍和20倍。

　　如果單由眼前的本益比來看，就會覺得甲公司很便宜，乙公司比較貴。

　　但是，如果往後推三年看。甲公司的成長一年不如一年，乙公司每年成長20％，由三年後的業績計算所得的本益比，甲公司是20倍（10元÷0.5元），乙公司是13.9倍（20元÷1.44元）。這樣一來，就不會感覺甲公司的股價目前10元很便宜，反而覺得乙公司的股價目前20元比較划算。雖然在2006年兩家公司的獲利都是1元。

　　再看看丙公司，2012年每股利潤也是1元，股價30元。本益比為30倍。看起來會感覺"好貴啊！"。

　　但是，如果3年後丙每股利潤是2.25元（每年增長50％），到時候本益比算起來只有13.3倍。這樣，就會覺得現在很便宜，買了很划算。

　　甲公司的3年後利潤減半，股價現在即使只有10元，還是應該覺得貴。相對的乙公司增長率如果是20％，股價現在即使是20元（本益比為20倍）；丙公司增長率如果是50％，股價即使目前是30元（本益比為30倍），也會應該算便宜。

* **考慮成長率的話，看起來很貴的股票，其實很便宜**

時間 公司別	目前股價 2012年	EPS每年預測			本益比	
		2012 年	2013 年	2014 年	2012 年	2014 年
甲	10	1	0.8	0.5	10/1＝10倍	10/0.5＝20倍
乙	20	1	1.2	1.44	20/1＝20倍	20/1.44＝13.9倍
丙	30	1	1.5	2.25	30/1＝30倍	30/2.25＝13.3倍

目前，丙是甲的3倍貴！！

計算成長率，丙最便宜。

我偏好購買高成長企業，請提醒我應該注意什麼？

高成長企業相對的本益比也高，例如，賣鋼鐵的一年賺3元，本益比15倍，股價45元，但做IC設計的高科技股同樣一年賺3元，本益比可能飆到25倍，股價要75元。

預估企業未來的盈餘成長率是20％，本益比在20～40倍間變動都算是正常的。如果本益比在20倍以下就算便宜，本益比在40倍以上就算貴；假如企業預估未來的成長率是25％，計算成長率的1～2倍就算出本益比在25～50倍間變動都算是正常的。如果本益比在25倍以下就算便宜，本益比在50倍以上就算貴。

因此，本益比到底幾倍才合理，跟企業的盈餘成長率有很大的關係。如果有一家企業，今年業績確實成長快速，但明年成長趨緩，那麼，剛才所提到的經驗規律當然就不適用了。故投資人在買進股票後，應時時檢視當初為什麼會給予這家企業較高的本益比？理由在於成長型的公司具備「持有愈久，成本就愈低」特性，但若是原先的成長因素不見了，高本益比策略自然就不適用。

此外所謂的「成長率」，指的是營收成長率？營益成長率？還是盈餘成長率？因為本益比是根據「盈餘」計算，理論上應該是根據盈餘成長率，但實際上不管採那項指標都是預估性質，若就各方面的預測這家企業的業績成長率未來三年分別為30％、20％、25％，以這種形勢變化，大約就可以捉最保守的估計20％當成標準計算。但即使是公司的董事長也難以準確的預估業績的成長率，估計時要慎重行事。

　　一般說來，企業連續幾年持續保持高成長是很難的。所以，這種計算方式通常只適用於高成長型的企業「初期」，若是成長已經趨緩，股本也愈來愈大就不適用了。

　　有些新興產業往往會出現本益比高到不合理的情況。本益比過高，股價難免就會出現高時很高、低時很低、價格直上直下瘋狂變動，風險也會增加。對於保守的投資人，這種股票還是少碰為妙。

*　除了預測，還是得看實際表現調整本益比

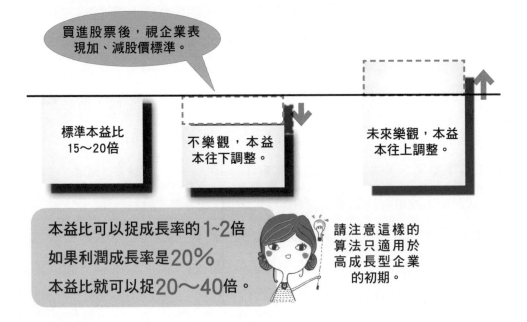

買進股票後，視企業表現加、減股價標準。

標準本益比
15～20倍

不樂觀，本益本往下調整。

未來樂觀，本益本往上調整。

本益比可以捉成長率的1~2倍
如果利潤成長率是20%
本益比就可以捉20～40倍。

請注意這樣的算法只適用於高成長型企業的初期。

請簡要說明大盤、產業、利率與比益本之間的關係

▷ 大盤本益比可做為個股股價的參考

除了個股之外，大盤也可計算本益比。根據台灣證券交易所2012年7月的統計，集中交易市場上市公司的平均本益比是21.7倍。一般說來，個股的本益比跟大盤本益比是正相關，例如，金融海嘯(2008)那年，大盤本益比只有9倍，因此，當年你若看到某些個股本益比只有9倍、10倍，也不能因此就斷定它值得投資，因為那一年景氣不佳，普遍股價都很低。

▷ 考量產業特性

高科技產業類股本益比高，股價具爆發性，但風險也大。傳統產業雖本益較低，但風險也低。

此外，季節因素與產業景氣循環也會影響本益比高低的判斷。例如證券、原物料產業等典型的景氣循環股，在景氣很接近頂峰時本益比會比較低，在景氣谷底剛要復甦時，其本益比反而偏高。景氣循環股一般會在景氣還未到高峰之前，股價就先到頂，景氣未到谷底之前，股價就先落底。

所以，投資景氣循環股，切忌在景氣高峰期因本益比低而搶進股票，也不要在景氣谷底期因本益比過高而放棄長期投資的機會。

* <u>單純考量本益比外，仍要配合觀察企業正處於那一個階段。</u>

發展期

為建立市場、改善產品而產生虧損。

成長期

需要現金追求成長，所以，向外借款、發行更多股票、把盈餘保留下來。

成熟期

營業額增加，現金多過於需求。

夕陽期

營業走下坡，現金慢慢的耗掉。

▷ **考量利率水準**

做投資誰都希望投資報酬率比定存好，所以當利率調低，理論上本益比的期望水準就該要設定得一些。

舉例來說，定存利率10％，存100萬，一年賺10萬，如果這是一張股票，那麼它的本益比就：10倍(100萬/10萬)，尋找高於定存的投資管道其本益比得低於10才合理。當定存利率是5％，本益比是：20倍(100萬/5萬)，尋找高於定存的投資管道其本益比只要低於20就算合格了，依此類推……

請舉國內高成長型公司為範例,說明其本益比的變化。

　　附圖是國內一家三C電子公司,由證交所查到的資料顯示,從94年初起本益比不但比一般投資人所認為的15～20倍高,也比其他同業高出很多。對於高成長型的公司,因為對於未來的成長有「做夢」的空間,由媒體查到的本益比資料是採過去EPS計算的結果,所以不能說本益比高就沒有買進的價值。

　　以附圖的公司為例,營收高成長、獲利也高成長而且穩定(不是像暴發戶那樣突然間變得很會賺錢)就適用於計算本益比/成長率比值(PEG),也就是連同成長率也考率進去,再以這個數據跟同業或企業過去的表現相比,以此評估此時的股價是否可以進場。

▷　**本益比/成長率比值(PEG)**

　　成長率可以用一段時間的盈餘成長率或是預估盈餘成長率均可。以附圖的公司為例,若以94年的盈餘成長率(35.64－20.63)/20.63=72%,PEG值的算法就是:本益比29/成長率72=0.4。這個數字算很低了。

　　每種產業有每種產業不同的特性,PEG值的用法就不適用於已進入成熟期的大型績優股、景氣循環股與地產、銀行等產業,它較適合用在股價有活力的個股。同一檔股票,在不同的時間點計算其PEG值自己跟自己比,是比較有意義的,數值愈低表示股價相對愈便宜。

通常PEG值會小於1，如果高於1的話，表示投資人願意以較高的價格購買，顯然，在投資人心目中，這是超級值得期待的股票。

＊ 範例：本益比太高了嗎？

（圖片來源：Yahoo!奇摩→股市）

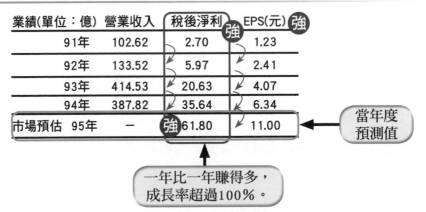

業績(單位：億)	營業收入	稅後淨利	EPS(元)
91年	102.62	2.70	1.23
92年	133.52	5.97	2.41
93年	414.53	20.63	4.07
94年	387.82	35.64	6.34
市場預估 95年	—	61.80	11.00

強 強 強

當年度預測值

一年比一年賺得多，成長率超過100%。

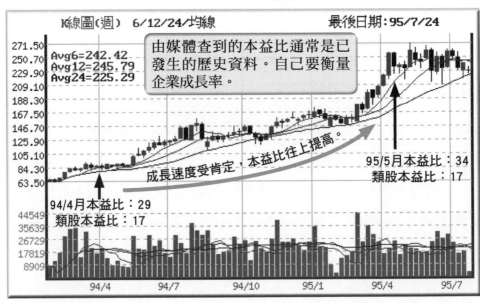

K線圖(週) 6/12/24均線　　最後日期：95/7/24

Avg6＝242.42
Avg12＝245.79
Avg24＝225.29

271.50
250.70
229.90
209.10
188.30
167.50
146.70
125.90
105.10
84.30
63.50

由媒體查到的本益比通常是已發生的歷史資料。自己要衡量企業成長率。

成長速度受肯定，本益比往上提高。

95/5月本益比：34
類股本益比：17

94/4月本益比：29
類股本益比：17

44549
35639
26729
17819
8909

94/4　94/7　94/10　95/1　95/4　95/7

請舉營運出現轉機的公司為範例，說明其本益比的變化。

轉機股顧名思義，就是指過去營運不佳，但因為某種因素營運出現轉機的股票。

過去營運不佳，意味著股價必定低；因某種因素出現轉機，意味著「將來會賺大錢」。如果是這樣，轉機股值得買進！

當然，如果未來的營運能如同公司或媒體所宣稱的「出現轉機」，股價自然有表現的空間。若是雷聲大雨點小唬哢投資人，轉機不成往往也會變成投機了。附圖是一家電子公司，從92、93、94年的財報來看，表現並不佳，營收一年不如一年，獲利甚至還出現負值，難怪94年秋天以後股價還跌到淨值之下(編按：由證交所的資料顯示，當時淨值是14.43)，但是在94年年底這家公司突然傳出好消息，接獲了大筆的訂單，產品出貨的情形大好。

「真的會嗎？」……「不會是講講而已吧！」

對於業績穩步增長的公司接獲大訂單，投資人比較會相信，但對於之前業績不佳的公司「預測明年一定會大大成長」總叫人懷疑。

這家公司這次並沒有說謊，95年業績果然翻好幾倍，這類股票因為從谷底爬升(尤其是已跌破淨值)，因為股價基期低，力道非常驚人，股票一口氣漲了快三倍。這也就是轉機股值得投資人留意的地方。

營運出現轉機的股票，投資人得想想「過去股價為什麼便宜？」是營運團隊的關係？還是景氣循環？還是產業變革？總之，投資人在介入低價轉機題材前，要回歸基本面，以實際獲利數字為依歸。

＊ 範例：是轉機？還是危機

（圖片來源：Yahoo!奇摩→股市）

業績(單位：億)	營業收入	稅後盈餘	EPS(元)
92年	145.32	6.26	1.63
93年	129.96	1.25	0.3
94年	116.47	−2.6	−0.63
預估95年		13	3

業績(單位：億)	營業收入
94年07月	12.23
94年08月	12.40
94年09月	10.34
94年10月	10.07
94年11月	13.88
94年12月	18.48
95年01月	16.25
95年02月	16.41
95年03月	24.17
95年04月	24.57
95年05月	25.58
95年06月	22.10

之前，一年不如一年的業績，股價也疲軟不振。94年底有了轉機題材，且業績也配合一個月強過一個月，股價應聲上揚。

95年強吧！每月都成長。

94年底公布業績即將上揚的消息，股價仍在低檔。但月營收已創近期月新高。

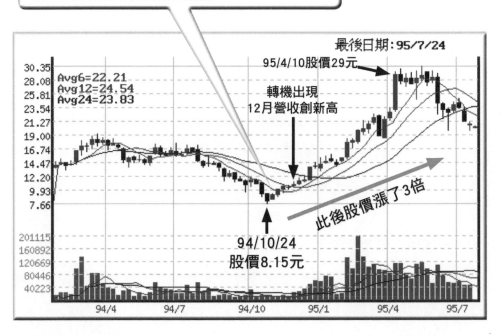

最後日期：95/7/24

95/4/10股價29元

Avg6=22.21
Avg12=24.54
Avg24=23.83

轉機出現
12月營收創新高

此後股價漲了3倍

94/10/24
股價8.15元

11　請舉高本益比=高風險為範例，說明其本益比的變化。

　　附圖是日本某新興企業的K線圖，這家公司從2003年初上市以來業績表現一直不錯，年盈餘成長率在20％左右，在財報上也維持一貫的高成長，由基本面看來這家企業完全沒有特殊之處，但股票價格簡直就跟搭雲霄飛車一樣－－

　　上市的第一年，這家公司業績表現已經很突出，但股價卻很低，根據資料，當時的本益比只在10倍左右。這時候大部份的投資人與媒體並沒有特別注意到這家公司的存在。

　　2003年8、9月因著日本景氣恢復，投資人也開始尋找有潛力的股票，短短的幾個月股價漲了幾十倍，本益比最高到200倍。即使是外行人都知道這是人為過度炒作的結果吧！可見，相信神話(或者心存「賭一把」)的人還是有。賭博，終非投資正途。

　　站上最高點只有很短的時間，股價就急速往下掉，2005年在本益比約50倍左右盤旋一陣，終於還是回到合理的本益比(15～20)的現實狀況。股票交易中，賣出和買進時間點同等重要，但也一樣難捉摸。有本事在低本益比時買進，若錯過了賣出的時間點是非常可惜的。

　　成功的「賣」有兩個。第一，股價已達到預期目標時。第二，當初買進股票的理由已經不存在時。

　　比方說，利潤以20％成長的公司，你的目標本益比是成長率的1～2倍，也就是本益比落在20～40倍之間，此時就應該賣掉股票。若擺著不出場，一直看到本益比已經50倍、100倍、200倍，賭博的成份就

太高了。因此，如果原先買股票的動機是業績成長，假設這個理由不存在，那麼，也該是賣股票的時候了。

＊ 範例：高本益比，股票瘋狂（日本某上市企業）

（圖片來源：Yahoo!日本）

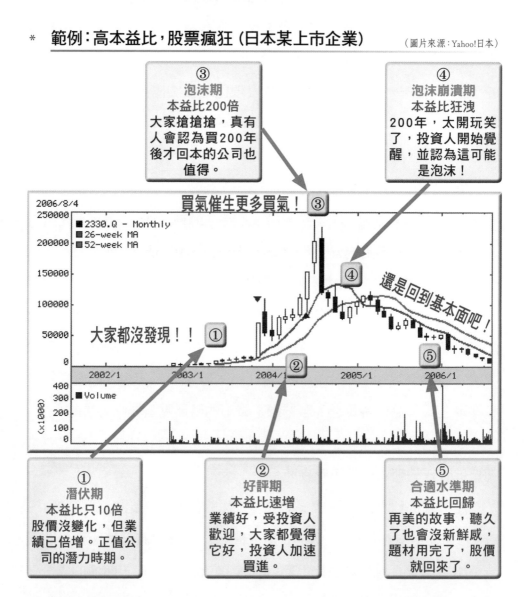

③
泡沫期
本益比200倍
大家搶搶搶，真有人會認為買200年後才回本的公司也值得。

④
泡沫崩潰期
本益比狂洩
200年，太開玩笑了，投資人開始覺醒，並認為這可能是泡沫！

①
潛伏期
本益比只10倍
股價沒變化，但業績已倍增。正值公司的潛力時期。

②
好評期
本益比速增
業績好，受投資人歡迎，大家都覺得它好，投資人加速買進。

⑤
合適水準期
本益比回歸
再美的故事，聽久了也會沒新鮮感，題材用完了，股價就回來了。

景氣很差時常聽到「跌破淨值」，這意義是什麼？

先來講「淨值」。

股票淨值就是股票的帳面價值。

淨值是公司的資本額加法定公積、資本公積及累積盈餘（或減除虧損）所得到的數額。若以淨值總額除以發行股份總數，就是每股淨值。每股淨值跟股價相比就是股價淨值比，簡稱PBR(Price-Book Ratio)：指的是一家公司某一時點股價相對於最近季底每股淨值的比值，當股價高於每股淨值時，比值大於1；當股價低於每股淨值時，比值小於1。

PBR是由公司的資產來看現在股價是否便宜的標準，計算公式是：

$$\underline{PBR(股價淨值比)＝股價÷每股淨值}$$

淨值的意義就是如果公司清算，按資產比例退還給每位股東，股東還能拿到多少錢的意思。因此，如果股票價格低於淨值，說明股價真的很低。例如：

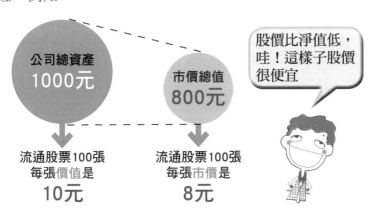

▷ 理論上來說「淨值」，是股價下跌的底線

理論上PBR是大於1的，也就是說通常股價都高於淨值，但實際上PBR小於1的公司有不少。

PBR小於1的公司有些是業績不好，有些是特殊原因使得股價便宜。

股價便宜的原因如果是產業前景不佳，或是經營能力有問題，投資人當然就別去理它了，但是，如果PBR小於1的理由只是因為一時外在因素使得股價下跌，且公司的負債比不算太高(意即沒有借太多錢經營)，而且公司的營業收入、經常利潤持續增加，當股價跌到淨值以下，就是值得買進的標的。

因此，如果我們把每股淨值當成股價的「定價」，投資人可以有以下兩種思考方式－－

* <u>以PBR為1當成基礎的兩種情況</u>

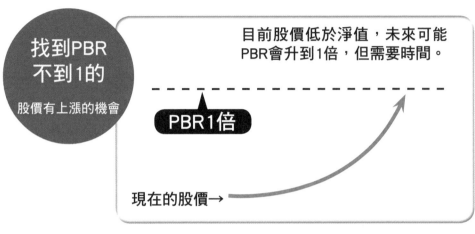

找到PBR
不到1的

股價有上漲的機會

目前股價低於淨值,未來可能
PBR會升到1倍,但需要時間。

PBR1倍

現在的股價→

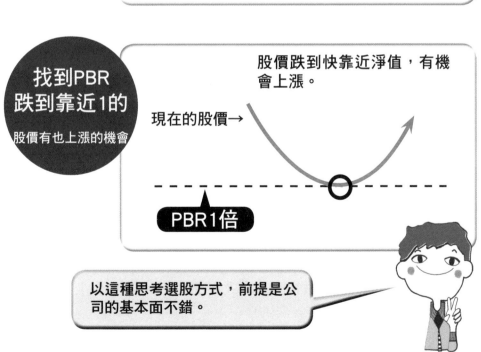

找到PBR
跌到靠近1的

股價有也上漲的機會

股價跌到快靠近淨值,有機
會上漲。

現在的股價→

PBR1倍

以這種思考選股方式,前提是公
司的基本面不錯。

Point — **13** 　請用實例說明，如何用本益比尋找價格被市場低估的股票。

　　的確，選股的原則就是「低價買好股票」。市場用PER、PBR等科學的計量方法，就是透過有憑有據的方式捉住「便宜」的標的。

　　「去年這張股票價格100元，這個月價格只有26元，現在很便宜…！」股市新鮮人常常一下子「轉」不過來，看到價格低就以為股價便宜。事實不然。以下舉一個簡單的例子具體來計算，說明如何利用本益比找便宜的股票。

▷　尋找價格被低估的股票

　　張先生在94年7月的時候在媒體看上到某上市公司老闆的專訪，覺得這家企業的經營概念很好，所以，上網路查詢了這家公司前六個月的自結業績(見次頁)，從月營收來看，自己和自己公司比算平穩，但跟其他同業相比，業績在水準之上，而且這是一家資本額小的公司，有這種表現已經很不錯。

　　再數一數當時粗估的EPS，第一季賺了0.46，第二季賺了0.66，假設，這家公司能繼保持這樣的水準，當年度應該可以賺到2.3元。張先生以本益比最小15倍最大20倍計算，價格應該在34.5(2.3×15)到46(2.3×20)之間。但看看當時的股價才20上下，等於是9倍還不到，顯然這樣股票價格是被市場低估了。之後也證明，這家公司下半年比上半年業績更亮麗，張先生也因此賺了錢。

業績(單位：億)	營業收入	EPS(元)
94.1月	2.07	第1季 0.46
94.2月	1.82	
94.3月	1.95	
94.4月	2.13	第2季 0.66
94.5月	1.65	
94.6月	1.73	
94.7月	?	?
94.8月	?	
94.9月	?	
94.10月	?	?
94.11月	?	
94.12月	?	

已知兩季(6個月)賺1.12，約每月賺0.18，12個月(一年)預估賺2.3。以15倍計，股價有34.5的實力，但94/6月初股價才21元左右，比益比只有9倍。顯然是被低估了。

後來證明，這家公司下半年比上半年更強，Q3、Q4的EPS是1.20、1.34，95年Q1是1.08。

季報未出爐前，自己先粗估今年的EPS計算本益比，若被市場低估就是出手的時機。

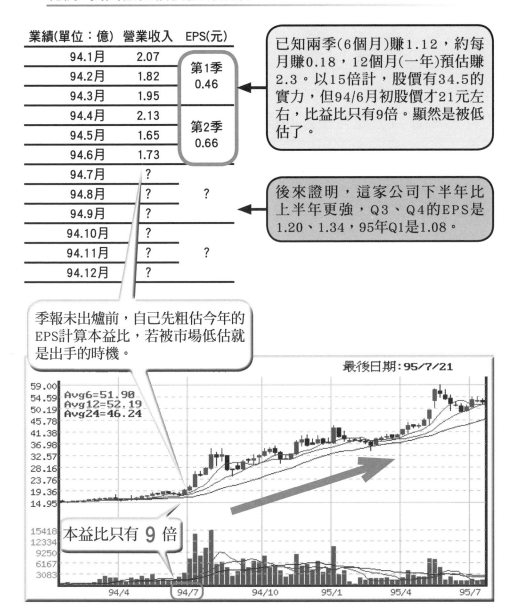

最後日期：95/7/21

Avg6=51.90
Avg12=52.19
Avg24=46.24

本益比只有 **9** 倍

14 股價便宜固然迷人，但應該有投資技巧吧！請說重點。

算算PBR、PER再看看業績，找到便宜的股票給它買下去，就對了嗎！？

出手前請先考慮：流動風險！

▷ **商品便宜，總有便宜的理由**

所謂「流動風險」，流動，指的是交易是否容易，兌換現金是否容易。

把錢存銀行任何時間都能提款，這就是流動風險低的投資；但把錢用來買房地產，隨時想賣掉提取現金並不容易，這就是流動風險高的投資。

同樣的，在股票市場上也有「流動性高或低」的問題，如果你買台積電、台塑這種有名而且交易量很大的公司，除非有特別事故，否則很快就能賣掉。但投資人如果買了沒有名氣成交量又小的股票，流通性就不一定高了，流通性不高就表示沒人氣。為什麼股票會淪為成交量低、沒有人氣的情況呢？投資人買進前最好了解清楚。

▷ **買沒人氣的股票得有閒錢**

沒人氣的股票投資人關注度低，交易量小，股價變化長時間停

滯，但是若能在這種非人氣股票中找出獲利穩定、財務健全、股價便宜的標的，就是有機會賺到大錢的好股票。

　　購買沒人氣的股票，除了眼光精準外，用閒置資金購買是必要的條件，因為冷門股得慢慢等著業績有表現，如此才有機會賺上一大段行情。

　　如果行情看對了，等到沒人氣股票關注的人多，沒人氣就會變成超人氣，在人氣的聚集下股價很快就會上漲而脫離實際的價值。對早期布局的人當然是利多，但對於「湊熱鬧」而進場的投資人往往會很錯愕「我是看到業績這麼好才進場的，沒想到竟然買在高點。」

　　而這也就是股票很現實的地方。

＊ 尋找沒人氣的好股票是賺大錢的金雞母

07 章

STOCK

2000元下單實例

<u>Point</u> **01** ## 請用實例示範以2000元網路下單，成功買進股票

　　網路下單前，第一個動作就是必需親自持雙證件到證券公司開戶。完成開戶程序後，證券公司會為你安排一位營業員，若你是新手，完全沒有任何交易的經驗，只要是與股票交易相關的問題，投資人都可以請求營業員為你解說，例如，帳戶裡該存多少錢？如何使用網路看盤軟體？憑證如何下載？如何下單……等等，都可以在第一時間打電話給你的營業員請求支援。

　　一般情況下，客戶只要不提出太過誇張的要求(例如，有些投資人會一直纏著營業員問明牌)，只要是有關交易程序的問題，通常營業員都會相當熱心為客戶解決，因此，有關開戶、下單的相關步驟，本書在此先略過。

　　以下就以小編Mary在2012年9月10日開戶並同時下單買進台積電(2330)為例，一步一步做示範說明。

STEP ① 9月10日小編Mary在台北市忠孝東路的台灣工銀證券(為什麼找這一家券商呢？理由只因離家比較近，Mary在很多券商都有證券戶頭，發現其實每一家券商的功能都大同小異，只有看盤軟體使用習不習慣的問題)開了一個證券帳戶，她同時在指定的戶頭裡存了2000元。

STEP 2 券商所提供的看盤畫面，算是簡單清楚，把自己有興趣的幾檔股票放在「自選股」，想看當天的走勢快點兩下就可以看到即時行情。中間則是下單區。

（圖片來源：台工銀證）

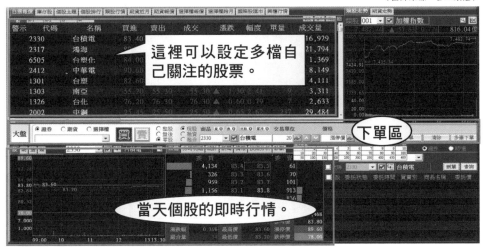

STEP 3 2000元計畫要買台積電的零股，程序上先點選①證券→②買(進)→③零股→④現股→⑤台積電→⑥交易單位填寫20(股)。

（圖片來源：台工銀證）

STEP ④ 點選完畢後，按「下單」視窗將出現如下的畫面，投資人檢查沒有問題後按「確定」。

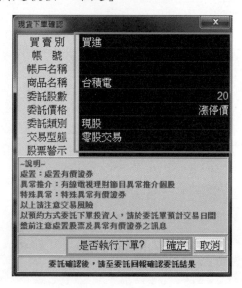

（圖片來源：台工銀證）

STEP ⑤ 上述的動作只是「預約委託」，不代表已經委託成功，投資人需要在次個營業日的下午1點40分再到交易回報中查詢委託的結果。

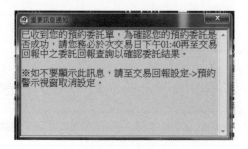

（圖片來源：台工銀證）

⑥ 送出預約單後，可以在這裡檢查自己下單的情況。

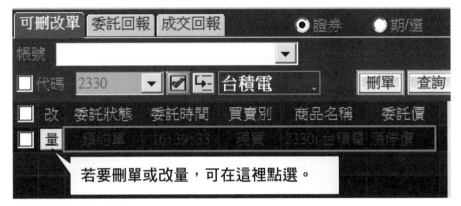

（圖片來源：台工銀證）

⑦ 查看是否交易成功，可點選「成交回報」。如果畫面上出現相關成交的資料，表示你成交了可以買到你要的股票了。

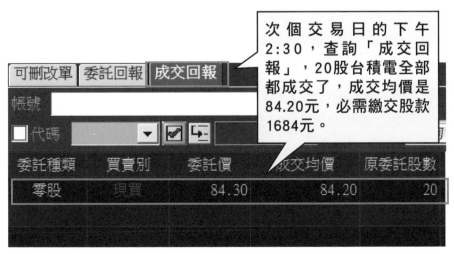

（圖片來源：台工銀證）

STEP ⑧ 查看這筆交易我總共該繳多少錢,可由軟體的帳務查詢→即時庫存損益試算中看出,已成交買進的零股,我總共要繳交1704元。

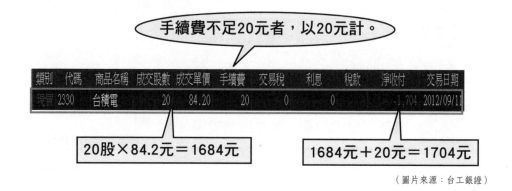

手續費不足20元者,以20元計。

類別	代碼	商品名稱	成交股數	成交單價	手續費	交易稅	利息	稅款	淨收付	交易日期
現買	2330	台積電	20	84.20	20	0	0		-1,704	2012/09/1

20股×84.2元=1684元

1684元+20元=1704元

(圖片來源:台工銀證)

看盤，要在那裡看？我是初學者，請帶我輕鬆入門。

　　看盤，早期的投資人習慣到券商的營業大廳，大大的螢幕、簇擁的人群，一踏進門就能感受到市場氛圍，不管你是想要聽正規的新聞或聊聊市場八卦，營業大廳總不乏資訊，但隨著網路愈來愈普及，行動下單、行動看盤成為顯學，看盤主要還是以網路為主。

▷ **看盤環境的分類**

　　簡單分類看盤的路徑，一般初學者最常用的就是利用入口網站像是Yahoo！奇摩、pc home、yam等，直接點選「股市」，就能找到便捷的市場資訊，這種看盤方法好處是簡便，常不需任何帳戶或密碼，連上網就能看，雖然它的資訊也很豐富，但缺點是即時行情的「盤」是幾分鐘前的資料，對操作短線者會有點不方便，不過，若你只想看當天的行情走勢，利用入口網站看行情其實也已經很夠了。

　　隨著投資人對投資資訊愈來愈有「胃口」，專業的財經網站像是鉅亨網(www.cnyes.com)、Money DJ理財網(www.moneydj.com)等，因為資料齊全，分類詳細，加上「物以類聚」的群聚效應，在這些網站上有許多的論壇、評論，所以也吸引很多投資人成為看盤首選。

　　另外，官方網站像台灣證券交易所(www.twse.com.tw)，內容資料最權威也最全面，對有資料需求的投資人而言，則是不可或缺的。

　　最後是券商網站。這是最建議初學者看盤的地方，理由有四點：

▷　建議採用券商提供看盤軟體的四個理由

① 有一對一專人(營業員)服務，任何問題找營業員問就對了。

　　有營業員隨時解決問題，對初學者來說非常重要。

② 券商網站結合了看盤、下單、對帳的基本功能。

（圖片來源：台工銀證）

　　除了看盤之外，自己的交易帳戶也能一目了然。

③ 可設計自己的看盤室並選定偏好的版面顏色、字體大小。

　自選股是每一家證券商都提供的功能，這方便投資人在上千檔股票中把自己的目標股挑出來。

④ **可享受券商提供獨家的看盤功能。**

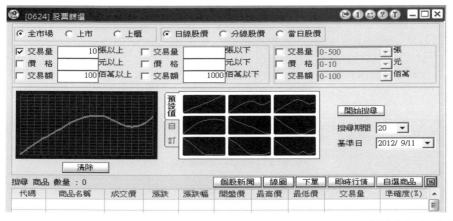

　券商為了吸引消費者上門開戶，除了一般的看盤查價功能之外，還會花大錢建置獨門服務，這些各式的看盤工具，有些是商業網站僅提供給付費會員才有的服務。

· 國家圖書館出版品預行編目資料

財富變多，學習變熱血，2000元開始的股票投資提案 / imoney123編輯部編著.

-- 臺北市：　　　　　　　　　　　　　恆兆文化，2012.09

160面；17公分×23公分　　　　　　　（i世代投資；1）

ISBN 978-986-6489-36-5　（平裝）

1.股票投資　2.投資技術 3.投資分析

563.53　　　　　　　　　　　　　　　101016254

i 世代投資系列 1：

財富變多，學習變熱血，2000元開始的

股票投資提案

出　版　所　　恆兆文化有限公司
　　　　　　　Heng Zhao Culture Co.LTD
　　　　　　　ｗｗｗ.ｂｏｏｋ２０００.ｃｏｍ.ｔｗ
發　行　人　　張正
作　　　者　　imoney123編輯部
封 面 設 計　　王慧莉
責 任 編 輯　　文喜
插　　　畫　　韋懿容
電　　　話　　＋886-2-27369882
傳　　　真　　＋886-2-27338407
地　　　址　　台北市吳興街118巷25弄2號2樓
　　　　　　　110,2F,NO.2,ALLEY.25,LANE.118,WuXing St.,
　　　　　　　XinYi District,Taipei,R.O.China
出 版 日 期　　2012/09初版
Ｉ Ｓ Ｂ Ｎ　　978-986-6489-36-5(平裝)
劃 撥 帳 號　　19329140　戶名 恆兆文化有限公司
定　　　價　　新台幣 249 元
總 經 銷　　　聯合發行股份有限公司 電話 02-29178022